Leichte Torten & Lieblingsspeisen in Thüringer Art

Gudrun Dietze

Leichte **Torten & Lieblingsspeisen** *in feiner Thüringer Art*

Foto Seite 2: Kakao-Kaffee-Torte
und Pfirsich-Eierlikör-Torte

Trotz gewissenhafter Bearbeitung kann eine Haftung für den Inhalt nicht übernommen werden. Für aktuelle Ergänzungen und Anregungen ist der Verlag jederzeit dankbar. Wir bedanken uns bei allen, die uns unterstützt haben.

Gerichtsweg 28, 04103 Leipzig
Tel.: 0341 / 49 35 74 - 0
Fax: 0341 / 49 35 74 - 40
www.buchverlag-fuer-die-frau.de

Rezepte und Zubereitung der Speisen:
Gudrun Dietze
Titelfoto: juefraphoto, Shutterstock.com
Innenfotos: Uwe Hämsch, Schöna
Einbandgestaltung: serfling.media, Leipzig
Foto-Styling und Gesamtgestaltung:
Lore Jacobi, Jesewitz
Druck und Bindung:
COULEURS Print & More GmbH
Printed in European Union

7. Auflage 2022
ISBN 978-3-89798-647-3

Inhalt

Leichte Verführung

Von Kind an hat Gudrun Dietze neben der Backschüssel gestanden und nichts von dem verpasst, was ihre Mutter an leckerem Backwerk zauberte. Mit neun Jahren gelang ihr die erste Torte. Was immer sie versucht, jahrzehntelange Erfahrung und viel Geschick sorgen für immer neue Erfolge. Dabei bäckt sie nicht nur die traditionellen Kuchen und Torten, sondern hat selbst vieles Neue eingebracht und ihre Bäckereien dem heutigen Geschmack entsprechend verfeinert und „erleichtert". Wie auch bei den Torten dieses Buches.
Die Thüringer Backspezialistin hat fast 70 verschiedene Torten für alle Tage, alle Jahreszeiten und Festlichkeiten ausprobiert – geschmacklich wieder so vollkommen, dass wohl alle Tortenfreunde begeistert sind.
Gern ist Gudrun Dietze dabei dem vielfach geäußerten Wunsch nach leichter Bekömmlichkeit, erfrischendem Geschmack und gut vorrätigen Zutaten nachgekommen. Und schnelle Zubereitung soll garantiert sein. Fündig wurde die versierte Backfrau bei Rezepturen aus ihrer Kindheit und Jugend, bei Rezepten aus den Nachkriegsjahren. Mit dem jahreszeitlichen Angebot an Zutaten, sparsamem Einsatz von Fettigkeit und großem Einfallsreichtum beim Gestalten der Torten gelangen Backwerke, die heute noch und wieder ganz aktuell sind. Gudrun Dietze hat die Rezepturen überarbeitet, verfeinert, aus wohlschmeckenden, aber wenig hermachenden Kuchen attraktive Torten entwickelt. Alles leicht, zart und doch fürs Auge eine Freude! Der Apfeltorte ist ein eigenes Kapitel gewidmet – nicht umsonst ist sie Deutschlands beliebteste Sonntagstorte.
Mit zwei Kapiteln herzhafter Speisen wird der Band abgerundet: Thüringer Schwarzbierfleisch, Lendchen in Pfefferrahmsauce, Hackbällchenauflauf, Taubenschmaus oder überbackenes Zanderfilet sind echte Bereicherungen des häuslichen Speisezettels und schnell zu kochen, also auch für Anfänger empfehlenswert. Allen Freunden der Dietze-Küche gutes Gelingen und Freude beim Genießen wünscht

Ihr BuchVerlag für die Frau.

Feine Apfeltorten

(alle Torten für eine Springform 26 cm Ø)

Apfel-Rotwein-Torte

2 Eier (120 g)
2 EL heißes Wasser
80 g Zucker
100 g Mehl
1 gehäufter EL Kakao
1 TL Backpulver

Belag:
150 ml trockener Rotwein
150 ml Apfelsaft, 2 EL Zucker
1 Stange Zimt
1 Stck. Zitronenschale
400 g Apfelspalten
1 Päckchen Vanillepudding
2 Eigelb
375 ml Milch, 2 Eiweiß
75 g Zucker
1/4 l Abtropfsaft, 2 EL Rum
1 Päckchen roter Tortenguss

Eier, Wasser und Zucker dickcremig schlagen. Mehl, Kakao und Backpulver langsam und nur kurz unterschlagen. Den Boden in eine Springform geben und backen.
Wein, Apfelsaft, Zucker, Zitronenschale und Zimt aufkochen. Apfelspalten zugeben und langsam halbweich dünsten und 1/4 Stunde ziehen lassen. Abgießen, 1/4 l Abtropfsaft auffangen und beiseite stellen.
Inzwischen Puddingpulver und Eigelb in einem Teil Milch verquirlen und mit dem Rest Milch einen Pudding kochen. Das mit Zucker steif geschlagene Eiweiß zu 2/3 unterziehen und noch mal aufkochen. Nun Rest Schnee unterziehen. Diese locker leichte Creme auf dem Tortenboden verteilen. Die gut abgetropften Apfelspalten darüber legen. Von 1/4 l Abtropfsaft, 2 EL Rum und rotem Tortenguss einen Guss herstellen und über die Torte geben. Torte kann mit Schlagsahne garniert werden.

Backzeit: 20-25 Minuten
Hitze: 180 °C

Sehr feine Festtagstorte.

●*Tipp*●
Für Biskuits niemals eiskalte Eier verwenden. Eier unter heißem Wasser abspülen.

Apfeltorte

60 g Margarine, 60 g Zucker, 1 Ei
170 g Mehl, 1 TL Backpulver
1 EL Semmelmehl
500 g mürbe Apfelwürfel
1 EL Zucker, 1/2 TL Zimt
2 EL Zitronensaft
700 ml Apfelsaft
2 Päckchen Vanillepuddingpulver
2 EL Zucker
200 ml Schlagsahne, 1 Päckchen Sahnesteif
1 Päckchen Vanillezucker, 1/2 TL Zimt

Aus Margarine, Zucker, Ei, Mehl und Backpulver einen Teig rühren bzw. kneten. Auf einem Tortenblech ausrollen und einen kleinen Rand andrücken. Mit Semmelmehl bestreuen und die mit Zucker, Zimt und Zitronensaft vermischten Apfelwürfel darüber geben. Aus Apfelsaft, Puddingpulver und Zucker einen Pudding kochen und darüber verteilen. Die Torte backen.
Sahne mit Vanillezucker und Sahnesteif steif schlagen und über die erkaltete Torte streichen. Mit Kamm garnieren und den Zimt mit feinem Kaffeesieb darüber stäuben. Auch Kakao ist möglich.

Backzeit: 45-50 Minuten
Hitze: 180 °C, untere Schiene

Feine, zarte Apfeltorte.

Apfel-Orangen-Torte (Foto)

70 g Zucker
70 g Margarine
2 kleine Eier
150 g Mehl
1 TL Backpulver
500 g ganz dicke Apfelspalten von mürben Äpfeln
1 EL Zucker, 3 EL Zitronensaft

Guss und Vanillecreme:
400 ml Blutorangensaft
2-3 EL Zucker
2 Päckchen heller Tortenguss
350 ml Milch
2 EL Zucker
1 Päckchen Puddingpulver
80 g Butter
40 g feste Würfelmargarine
70 g Bitterschokolade
20 g Butter

Zucker, Eier und weiche Margarine gut verschlagen. Mehl mit Backpulver vermischt allmählich unterschlagen. In eine Springform streichen. Apfelspalten mit Zucker und Zitronensaft vermischen und dicht über den Teig legen. Backen.
Aus Orangensaft, Zucker und Tortenguss einen Guss herstellen und über die erkaltete Torte streichen. Ist der Guss fest geworden, eine Vanillecreme darüber streichen.

Dafür aus Milch, Zucker und Puddingpulver einen straffen Pudding kochen und noch handwarm mit dem cremig geschlagenen Butter-Margarine-Gemisch löffelweise zur Creme schlagen. Mit dem Kamm darüber fahren. Schokolade und Butter schmelzen, verrühren und Kringel oder ein Gitter über die Torte spritzen. Wer mag, garniert die Torte mit Tupfen von Vanillecreme und Walnüssen.

Backzeit: 25-30 Minuten
Hitze: 180-200 °C, untere Schiene

• Tipp •
Gibt man die zerlassene, erkaltete noch flüssige Schokolade in einen Gefrierbeutel, schiebt alles zu einer Ecke hin, schneidet nun ein winziges Loch in die Ecke, kann man Gebäck problemlos bespritzen.

Apfeltorte mit Vanillecreme

Boden:
3 Eier (150 g), 100 g Zucker
3 EL Wasser
100 g Mehl, 50 g Speisestärke
1 TL Backpulver

Belag:
3 EL dicke Preiselbeermarmelade
1/4 l Milch, 1 gehäufter EL Zucker
3/4 Vanillepuddingpulver
70 g Butter
400 ml Apfelsaft, 1 EL Zucker
600 g Apfelspalten
1 Päckchen Zitronengötterspeise
50 g Rosinen oder Korinthen

Für den Boden Eier, Zucker und heißes Wasser dickcremig schlagen. Mehl, Speisestärke und Backpulver langsam unterschlagen. Backen. Nach 1-2 Tagen den Boden einmal durchschneiden und mit der dicken Marmelade füllen. Tortenring umlegen.
Aus Milch, Zucker und Puddingpulver einen straffen Pudding kochen und die Butter unter die noch warme Masse schlagen. Auf dem Tortenboden verteilen.
Apfelsaft mit Zucker aufkochen, Apfelspalten zugeben und langsam weich dämpfen. Gut abgetropft über der Creme verteilen. Rosinen drüber streuen. Aus Abtropfsaft (400 ml) und der Zitronengötterspeise einen durchsichtigen Guss bereiten und vor Gelierbeginn über die Äpfel geben. Auf der unteren Schiene backen.

Backzeit: 25-30 Minuten
Hitze: 180 °C, untere Schiene

Eine gute Torte aus alten Zeiten.

Apfel-Nuss-Torte

Boden:
150 g Margarine
2 TL abgeriebene Zitronenschale, 1 TL Zimt
3 Eier (125 g)
150 g flüssiger Honig
100 g gemahlene Nüsse (Hasel- oder Walnüsse)
1 TL Backpulver, 200 g Mehl

Füllung:
150 ml Apfelsaft, 1 EL Zucker
1 EL Zitronensaft, 1/2 TL Zimt
1 Päckchen Vanillesoßenpulver
350 g Apfelraspeln, 50 g Rosinen, 1 EL Rum
25 g Mandelblättchen, 1 EL Zucker

Weiche Margarine, Zitronenschale und Zimt gut verrühren. Eier nach und nach unterschlagen. Flüssigen Honig unterschlagen. Nüsse und das mit Backpulver gemischte Mehl zugeben. Die Hälfte der Masse in eine Backform streichen und vorbacken.

Für die Füllung Apfelsaft, Zucker, Zitronensaft, Zimt und Vanillesoßenpulver verrühren und aufkochen. Apfelraspeln unterrühren und die in Rum eingeweichten Rosinen zugeben. Auf dem vorgebackenen Boden verteilen und den Rest Teig mit einem Teigschaber gleichmäßig darüber verteilen. Mit Mandelblättchen und Zucker bestreuen. Fertig backen.

1. Backzeit: 10-15 Minuten
Hitze: 180 °C

2. Backzeit: 20-25 Minuten
Hitze: 180 °C

Apfel-Quark-Torte

Boden:
50 g Margarine, 50 g Zucker, 1 Ei
150 g Mehl, 1 TL Backpulver
2 EL Semmelmehl

Belag:
800 g Apfelspalten
3 EL Zucker, 1 TL Zimt
1 TL Butter, 2 EL Zitronensaft
300 g Magerquark, Abtropfsaft, 2 Eier
1 Päckchen Vanillesoßenpulver
200 ml Milch, 100 g Schmand, 2 EL Öl
75 g Zucker, 1 Päckchen Vanillezucker
30 g Butter, 1 EL Staubzucker

Weiche Margarine, Zucker und Ei verrühren, Mehl mit Backpulver gemischt unterrühren bzw. unterkneten. Auf einem Tortenblech ausrollen, etwas Rand andrücken. Mit Semmelmehl bestreuen. Apfelspalten mit Zucker, Zimt, Zitronensaft und Butter halb weich dünsten und gut abgetropft auf den Tortenboden geben und vorbacken.
Magerquark mit Abtropfsaft, Eiern und Soßenpulver gut verrühren und die anderen Zutaten unterrühren. Über den Äpfeln verteilen und weiter backen, bis die Oberfläche etwas gebräunt ist.
Die erkaltete Torte mit zerlassener abgekühlter Butter bepinseln und mit Staubzucker besieben.

1. Backzeit: 15 Minuten
Hitze: 200 °C, untere Schiene

2. Backzeit: 20-25 Minuten
Hitze: 180 °C

Eine lieblich milde Torte.

●Tipp●
10-15 Minuten vor Ende der Backzeit sollte bei allen Torten mit Quark die Torte ringsum mit einem Messer vom Rand gelöst werden, damit die Torte eine glatte Oberfläche erhält.

Apfelcremetorte

Boden:
65 g Zucker, 65 g Margarine
1 Ei (60 g)
150 g Mehl, 1 TL Backpulver

Belag:
400 ml Milch, 2 EL Zucker
1 Päckchen Puddingpulver
250 g Magerquark
1 EL Zucker, 1 Ei, 1 Prise Salz
1 EL Rum, 3 EL Rosinen
500 g Apfelspalten
1 EL Zucker, 1 TL Zimt, 2 EL Zitronensaft
80 g Butter, 1 EL Staubzucker
1 Päckchen Vanillezucker
75 g Bitterschokolade, 20 g Butter

Zucker, Margarine und Ei verrühren. Mehl und Backpulver nach und nach zugeben. Den nicht zu festen Teig auf einem Springformboden ausrollen und einen kleinen Rand andrücken.
Aus Milch, Zucker und Puddingpulver einen Pudding kochen und 1/3 davon mit Quark, Zucker, Ei und einer Prise Salz vermischen. Die in Rum eingeweichten Rosinen untermischen. Die Quarkmasse auf dem Tortenboden verteilen.
Apfelspalten mit Zucker, Zimt und Zitronensaft vermischen und dicht über die Quarkcreme legen. Die Torte backen.
Kurz vor Ende der Backzeit die weiche Butter mit Staubzucker und Vanillezucker cremig schlagen und den großen Rest Pudding löffelweise unterschlagen. Die Creme auf der erkalteten Torte verteilen. Bitterschokolade mit zerlassener Butter im Wasserbad schmelzen und über die fest gewordene Creme streichen.

Backzeit: 25-30 Minuten
Hitze: 180-200 °C, untere Schiene

Eine aromatische Apfeltorte nach alter Thüringer Art.

Apfeltorte mit Gitter

Boden:
100 g Zucker
100 g Margarine
1 Ei (60 g), 1 EL kaltes Wasser
270 g Mehl, 1 TL Backpulver
1 EL Semmelmehl

Belag:
3-4 EL Zucker, 2-3 EL Zitronensaft
750 g Apfelspalten
1 TL Zimt
50 g Rosinen, 2 EL Rum
70 g Walnusskerne (grob geschnitten)
50 g Staubzucker
2 TL heißes Wasser oder Zitronensaft

Zucker, weiche Margarine und Ei mit Wasser gut verrühren. Mehl mit Backpulver unterrühren bzw. kneten. 350 g vom Teig in eine Springform geben, einen kleinen Rand andrücken, mit Semmelmehl bestreuen.
Zucker mit Zitronensaft in einem breiten Topf langsam zur gelben Farbe schmelzen. Nicht zu dünne Apfelspalten anfangs mit zwei Löffeln ständig untereinander heben. Zimt untermischen und in wenigen Minuten bei abgestellter Röhre halb weich dünsten. Die Apfelspalten auf dem Tortenboden verteilen. Die in Rum eingeweichten Rosinen und die grob geschnittenen Walnüsse darüber streuen. Den übrigen Teig ausrollen und 10 passende Streifen ausrädeln und als Gitter über die Torte legen. Die Torte auf der unteren Schiene backen.
Staubzucker mit Wasser oder Zitronensaft verrühren und den dicklichen Guss auf die noch lauwarmen Gitterstreifen streichen (muss nicht so akkurat sein).

Backzeit: 30-40 Minuten
Hitze: 180 °C

Altmodische, aber ewig junge Torte.

● *Tipp* ●
Walnüsse alle auf ein Brett geben und mit einem langen Messer einige Male durchschneiden. Geht ganz schnell.

Apfel-Holunder-Torte

Boden:
4 Eier
125 g Zucker
4 EL heißes Wasser
100 g Mehl
100 g Speisestärke
1/2 Päckchen Backpulver

Füllung:
250 g Magerquark
1 EL Zitronensaft
2-3 EL Zucker
200 ml Holundersaft
1 Päckchen Gelatine
1 Päckchen Sahnesteif
1 Päckchen Vanillezucker
200 ml Schlagsahne
400 g Apfelwürfel
1-2 EL Zucker
200 ml Apfelsaft
1 Päckchen Vanillesoßenpulver

Eier, Zucker und Wasser dickcremig schlagen. Mehl, Speisestärke und Backpulver auf 2 x und kurz unterschlagen. Den Boden backen. Nach 2 Tagen zweimal durchschneiden und füllen.
Für die Füllung Quark mit Zitronensaft, Zucker und der Hälfte Holundersaft verrühren. In dem Rest warmen Saft die Gelatine in ca. 10 Minuten auflösen und mit dem Quark vermischen. Bei Gelierbeginn die mit Vanillezucker und Sahnesteif geschlagene Sahne unterziehen.
Inzwischen die gewürfelten Äpfel mit Zucker und Apfelsaft weich köcheln. Abgießen und den Saft (ca. 150-200 ml) mit dem Soßenpulver zu einem Pudding kochen und mit den Apfelwürfeln vermischen. Auf den oberen Tortenboden (zuunterst genommen) auftragen und mit dem zweiten Boden abdecken. Holundercreme darüber geben und den dritten Boden darüber legen. Mit einem Drittel vorher weggenommener Holundercreme die Tortenoberfläche und den Rand bestreichen. (Diese Torte gleich in der Form füllen.) Tortenoberfläche kann mit Schokoraspeln oder Sahne garniert werden.

Backzeit: 35-40 Minuten
Hitze: 180 °C

Eine gut aussehende milde Torte.

● *Tipp* ●
Zur Holunderzeit (Mitte September) bereitet man den Saft und friert ihn portionsweise ein. 500 g Beeren mit 50 ml Wasser 15 Minuten köcheln, durch ein Sieb drücken = 200-250 ml Saft.

Torten
für alle Tage, alle Jahreszeiten und alle Festlichkeiten

Eiweißtorte

6 Eiweiß, 225 g Zucker
2 Päckchen Vanillezucker
100 g Mehl
100 g gemahlene weiße Mandeln
1 TL Backpulver
125 g Butter
100 g Bitterschokolade, 1 EL Öl

Eiweiß langsam schaumig schlagen. Zucker mit Vanillezucker nach und nach unterschlagen, bis alles ganz steif ist. Mehl, Mandeln und Backpulver unterheben, nun die zerlassene Butter vorsichtig unterheben. Den Teig in eine Springform geben und backen.
Tortenring nach kurzem Abkühlen erntfernen und die Torte nochmals 15 Minuten in die Röhre stellen. So werden Rand und Oberflä-

che knusprig braun. Schokolade in heißem Öl schmelzen und damit die Torte überziehen.

1. Backzeit: 40-50 Minuten
Hitze: 180 °C, untere Schiene

2. Backzeit: 15 Minuten
Hitze: 150 °C

Für übrig gebliebene Eiweiß, z.B. vom Prophetenkuchen, ist die Eiweißtorte eine beliebte Leckerei aber keine Baisertorte.

Schwarze Johannisbeertorte
(Foto)

Boden:
4 Eier (200 g), 4 EL heißes Wasser
100 g Zucker
75 g Mehl, 75 g Speisestärke
1 gehäufter EL Kakao
1 gehäufter TL Backpulver

Belag:
1/4 l Saft
1/2 Liter-Glas schwarze Johannisbeeren
je 1/2 TL Zimt und abgeriebene Zitronenschale
1 Päckchen Gelatine
4 EL Rum, 1-2 EL Zucker
400 ml Schlagsahne
2 Päckchen Sahnesteif, 2 Päckchen Vanillezucker

Garnitur:
200 ml Schlagsahne
1 Päckchen Sahnesteif
1 Päckchen Vanillezucker, Schokoraspeln

Eier, Wasser und Zucker dickcremig schlagen. Mehl, Speisestärke und Kakao mit Backpulver langsam und nur kurz unterschlagen. Den Teig gleichmäßig in eine Springform geben und backen.
Den Saft von den gut abgetropften Beeren mit Wasser, Zimt und Zitronenschale auf 250 ml auffüllen und erhitzen. Gelatinepulver in Rum und etwas Saft auflösen und mit Zucker und den Beeren zum Saft geben. Vor Gelierbeginn mit der steif geschlagenen Sahne (400 ml Sahne mit Sahnesteif und Vanillezucker geschlagen) vermischen. 2/3 davon zwischen den einmal durchgeschnittenen Tortenboden geben und den Rest der Masse auf die Oberfläche streichen.
Die mit Sahnesteif und Vanillezucker steif geschlagenen 200 ml Sahne dünn über die Torte streichen. Die Tortenstücke mit Sahnetupfern markieren, den äußeren Rand und die Tortenmitte mit Schokoraspeln bestreuen.

Backzeit: 30-35 Minuten
Hitze: 180 °C

Sehr feine Festtagstorte.

Erdbeercremetorte

<u>Boden:</u>
2 Eier, 70 g Zucker, 125 g Mehl
1 leicht gehäufter TL Backpulver
3 EL Milch

<u>Belag:</u>
500 g Erdbeeren, 250 ml Apfelsaft
80 g Zucker
1 1/2 Päckchen Erdbeerpuddingpulver
100 g Butter, 1 EL Staubzucker
50 g Hartfett

Eier mit Zucker dickcremig schlagen und das Mehl mit Backpulver gemischt kurz unterschlagen. Die Milch zugeben. Den Boden in einer Springform backen.
Erdbeeren mit dem Pürierstab kurz pürieren. Apfelsaft mit Zucker und Erdbeerpuddingpulver verrühren, aufkochen und das Erdbeerpüree sofort unterrühren. Butter mit Staubzucker cremig rühren, handwarme Erdbeermasse löffelweise unterschlagen und das heiße Hartfett rasch unterschlagen. Auf dem erkalteten Tortenboden verteilen. Mit Schokoraspeln bestreuen.

Backzeit: 15-20 Minuten
Hitze: 180 °C, untere Schiene

Altes Rezept für die letzten Erdbeeren im Garten, die nicht mehr so schön aussehen.

Mohn-Streusel-Torte *(Foto)*

<u>Streuselteig:</u>
300 g Mehl, 175 g Margarine, 150 g Zucker
2 Päckchen Vanillezucker, 1 TL Zimt
1 Ei, 1 gehäufter TL Backpulver

<u>Füllung:</u>
750 ml Milch, 3 EL Zucker
1 EL Grieß, 2 Päckchen Vanillepudding
200 g gemahlener Mohn, 1 TL Zimt
1 Prise Salz, 1 EL Zitronensaft
1 gehäufter TL Zitronenschale, 1 Ei
1 kleine Dose Aprikosen
50 g Vollmilchschokoladenkuvertüre
2 TL Öl

Die Zutaten für die Streusel verkneten. Für die Füllung aus Milch, Zucker, Grieß und Puddingpulver einen straffen Pudding kochen und den Mohn einrühren. Alle Gewürze, das Ei und die gut abgetropften klein gewürfelten Aprikosen unter die Masse rühren. Vom Streuselteig 2/3 in eine Springform krümeln und etwas breit drücken. Die Mohnmasse darüber verteilen und die übrigen Streusel darüber streuen. Die Torte backen.
Die Kuvertüre in heißem Öl langsam schmelzen und mit einem Teelöffel dünne Fäden über die erkaltete Torte ziehen.

Backzeit: 45-50 Minuten
Hitze: 200 °C, untere Schiene

Mohn-Aprikosen-Torte

Boden:
5 Eier (300-350 g)
4 EL Wasser
120 g Zucker
100 g Mehl
1/4 Päckchen Backpulver
100 g Speisestärke
100 g ungemahlener Mohn

Füllung:
1 große Dose Aprikosen
350 ml Aprikosenabtropfsaft
2 EL Zucker
2 Päckchen Vanillesoßenpulver
200 ml Schmand
1 Päckchen Gelatine
2 EL Aprikosenkonfitüre
200 ml Schlagsahne
1 Päckchen Sahnesteif
1 Päckchen Vanillezucker
Schokoraspeln, Gebäckkrümel

Eier mit Wasser und Zucker dickcremig schlagen. Mehl, Backpulver und Speisestärke sieben, den Mohn untermischen und auf zweimal unterschlagen. Die Masse in eine Springform geben und backen.
Für die Füllung aus 250 ml Aprikosensaft, Zucker und Soßenpulver einen straffen Pudding kochen und den Schmand einrühren. Die in 100 ml Saft aufgelöste Gelatine flott unter die heiße Masse rühren. 16 gleichmäßig breite Streifen aus den Aprikosen schneiden und beiseite stellen. Rest Aprikosen in kleine Würfel schneiden und mit der Puddingmasse vermischen.
Tortenboden in drei Scheiben schneiden. Den obersten Boden zuunterst nehmen und die Hälfte der Masse darauf streichen. Den zweiten Boden darüber legen und mit dem Rest der Creme bestreichen. Den dritten Boden (glatte Unterseite) darüber legen und dünn mit Aprikosenkonfitüre bestreichen. Einen Teil der mit Sahnesteif und Vanillezucker steif geschlagenen Sahne darauf streichen und vom Rest Sahnetupfer auf jedes Stück spritzen. Die Aprikosenstreifen längs auf jeden Sahnetupfer legen. Die Mitte der Torte mit Schokoraspeln bestreuen.

Backzeit: 30-35 Minuten
Hitze: 180 °C, untere Schiene

Eine sehr feine und einfach herzustellende Torte.

● *Tipp* ●
Die Torte macht sich am einfachsten, wenn sie für die Zubereitung wieder zurück in die Form gegeben wird. Zum Schluss Kuchenkrümel an die Seite drücken.

Quarkcremetorte mit Johannisbeeren

Boden:
3 Eier (150 g)
100 g Zucker
3 EL Wasser
100 g Mehl
50 g Speisestärke
1 gestrichener TL Backpulver

Belag:
500 ml Milch
4 EL Zucker
1 Päckchen Vanillezucker
1 Päckchen Puddingpulver
50 g Butter
3 EL Wasser
1 EL Zitronensaft, 1 EL Rum
1 Päckchen Gelatine
500 g Magerquark
300 g Johannisbeeren (frisch oder gefrostet)
250 ml Saft und Wasser
1 gehäufter EL Zucker
1/2 Päckchen Gelatine

Eier, Zucker und Wasser dickcremig schlagen. Mehl, Speisestärke und Backpulver langsam unterschlagen. Den Boden backen.
Aus Milch, Zucker, Vanillezucker und Puddingpulver einen Pudding kochen. Die Butter und die im warmen Wasser-Zitronensaft-Rum-Gemisch aufgelöste Gelatine in die heiße Masse rühren. Den Quark mit dem Schneebesen unterziehen. Etwas abgekühlt 200 g Johannisbeeren unterheben. Auf den erkalteten Boden geben. Rest Johannisbeeren als Garnitur darüber streuen.
Den Abtropfsaft von den gefrosteten Beeren mit Wasser auf 250 ml auffüllen. Mit Zucker und Gelatine einen durchsichtigen Guss herstellen und bei Gelierbeginn über die Torte verteilen. (Bei Verarbeitung von frischen Johannisbeeren einen hellroten Obstsaft verwenden.)

Backzeit: 15-20 Minuten
Hitze: 180 °C, untere Schiene

Erdbeer-Sahne-Torte

Boden:
3 Eier (ca. 200 g), 100 g Zucker
3 EL heißes Wasser, 75 g Mehl
75 g Speisestärke, 1 TL Backpulver

Füllung:
500 g Erdbeeren, 3 EL Zucker
1 EL Zitronensaft, 6 EL Wasser
1 1/2 Päckchen Gelatine
300 ml Schlagsahne, 1 Päckchen Sahnesteif
1 Päckchen Vanillezucker
2-3 EL Staubzucker

Eier mit Zucker und Wasser dickcremig schlagen. Mehl, Speisestärke und Backpulver kurz unterschlagen. Den Teig gleichmäßig in eine Springform füllen und backen.
Erdbeeren in Stücke schneiden, Zucker darüber streuen und mit dem Mixstab pürieren. Auf der Herdplatte etwas erwärmen. Die im heißen Zitronenwasser aufgelöste Gelatine in die warme Masse rühren. Bei Gelierbeginn die mit Sahnesteif und Vanillezucker steif geschlagene Sahne unterziehen. Die Torte quer durchschneiden und füllen. Die Oberfläche dick mit Staubzucker besieben.

Backzeit: 20-25 Minuten
Hitze: 180 °C, untere Schiene

Als schnelle sahnige Erdbeertorte bekannt.

Birnentorte

Boden:
60 g Margarine
60 g Zucker
1 Ei (50-60 g)
150-175 g Mehl
1 TL Backpulver
1 EL Semmelmehl

Belag:
6 große Birnen (900-1000 g)
4-5 EL Rum oder Zitronensaft
2 Eier
100 g Zucker
1 Päckchen Vanillezucker
1 gehäufter TL Zitronenschale
1 TL Zimt
200 g saure Sahne (10 % Fett)
200 g Schmand
150 g gemahlene Mandeln oder Nüsse
4 bittere Mandeln
1 EL Staubzucker

Margarine, Zucker und Ei verrühren, Mehl und Backpulver nach und nach unterkneten. Den Teig in einer Springform ausrollen, einen kleinen Rand andrücken und mit Semmelmehl bestreuen.
Die geschälten, vom Kerngehäuse befreiten Birnenhälften mit der Wölbung nach oben auf den Teig legen. Mit Rum oder Zitronensaft beträufeln. Eier mit Zucker verrühren, die

gemahlenen süßen und bitteren Mandeln, saure Sahne sowie den Schmand zugeben. Alles verrühren und mit den Gewürzen abschmecken. Die Masse über die Birnen geben. Die Torte schön braun backen und erkaltet mit Staubzucker besieben.

Backzeit: 40-50 Minuten
Hitze: 180 °C, untere Schiene

Eine schnelle aromatisch saftige Torte.

● ***Tipp*** ●
Es können auch Birnen aus der Dose oder eingeweckte Birnen verarbeitet werden, bitte gut abtropfen lassen.

Pfirsich-Eierlikör-Torte (Foto S. 2)

Boden:
3 Eier, 100 g Zucker, 2 EL heißes Wasser
75 g Mehl, 25 g Speisestärke
25 g Kakao, 1 TL Backpulver

Belag:
250 g Magerquark, 200 ml Eierlikör
4 EL Wasser, 1 EL Zitronensaft
1 Päckchen Gelatine, 200 ml Schlagsahne
1 Päckchen Sahnesteif, 1 Päckchen Vanillezucker
1 Dose Pfirsiche, 1 Päckchen heller Tortenguss
250 ml Pfirsichsaft (Abtropfsaft)

Eier, Zucker und Wasser dickcremig schlagen. Mehl, Speisestärke, Kakao und Backpulver langsam auf zweimal unterschlagen. In eine Springform geben und backen.
Quark mit Eierlikör verrühren. Die in heißem Wasser mit Zitronensaft aufgelöste Gelatine unterrühren. Sahne mit Vanillezucker und Sahnesteif steif schlagen und unterheben. Auf den Tortenboden streichen. Nach dem Festwerden der Creme die gut abgetropften, in Streifen geschnittenen Pfirsiche darüber verteilen. Tortenguss mit Pfirsichsaft mischen und über die Torte geben.

Backzeit: 20-25 Minuten
Hitze: 180 °C, untere Schiene

Diese Torte kann man noch mit Sahne garnieren.

Brombeercremetorte *(Foto)*

Boden:
125 g Zucker, 4 Eier (250-280 g)
4 EL Wasser, 100 g Mehl
1/2 Päckchen Backpulver, 100 g Speisestärke

Füllung:
600 g Brombeeren
2 gehäufte EL Zucker
125 ml Wasser
350 g Quark (20 % Fett)
2-3 EL Zucker, 6 EL Weinbrand
1 Päckchen Gelatine
2-3 EL rote Marmelade, 250 ml Brombeersaft
1 Päckchen heller Tortenguss, 1-2 EL Zucker

Zucker, Eier und warmes Wasser dickcremig schlagen. Mehl, Backpulver und Speisestärke auf zweimal und nur kurz unterschlagen. Boden in der Springform backen.
Brombeeren mit Zucker und 125 ml Wasser kochen. 250 ml Saft abgießen für den Tortenguss. Restlichen Saft und Brombeeren durch ein Sieb drücken, damit 250 g Brombeermark entstehen. Das Fruchtmark mit Quark und 2-3 EL Zucker mischen. Die in dem warmem Weinbrand aufgelöste Gelatine mit 3 EL Quarkmasse verrühren. Dann unter die restliche Quarkmasse schlagen. Kühl stellen.
Den Tortenboden nach 1-3 Tagen in drei Teile schneiden. Das Oberteil mit der Schnittfläche nach oben in die Form zurückgeben. Mit roter Marmelade bestreichen und 1/3 Creme darüber streichen. Den zweiten Boden darüber legen und ebenfalls mit 1/3 Creme bestreichen. Den dritten Boden darüber legen und mit dem Rest Creme bestreichen. Die 250 ml Brombeersaft mit Tortenguss und Zucker zu einem Guss kochen und über der fest gewordenen Creme verstreichen.

Backzeit: 35-40 Minuten
Hitze: 180 °C, untere Schiene

●Tipp●
Mit etwas Schlagsahne garniert bekommt die Torte ein festliches Aussehen.

Kürbistorte

Boden:
50 g Zucker, 1 Ei, 60 g Margarine
150-170 g Mehl, 1 TL Backpulver

Belag:
800 g Kürbiswürfel, 50 g Butter
1/2 TL Salz, 1/2 TL Ingwer
1/2 TL Zimt, 1/4 TL Nelken
200 g Schmand, 100 ml Orangensaft
1 Päckchen Vanillepuddingpulver
1 Päckchen Vanillesoßenpulver
2 Eier (150 g), 125-150 g Zucker
100 g grob geschnittene Walnüsse

Zucker, Ei und weiche Margarine verrühren, mit Mehl und Backpulver zu einem Teig verrühren bzw. verkneten. Auf einem Tortenblech ausrollen und etwas Rand andrücken.
Kürbiswürfel mit Wasser bedeckt weich kochen. Gut abgetropft durch ein Sieb drücken. Es sollen 600 g Mus entstehen. Das Mus mit zerlassener Butter, den Gewürzen, Schmand, Orangensaft, Pudding- und Soßenpulver verrühren. Eier und Zucker cremig schlagen und mit dem Musgemisch vermengen. Auf dem Tortenboden verteilen und die grob geschnittenen Walnüsse darüber streuen, etwas eindrücken und backen.

Backzeit: 50-60 Minuten
Hitze: 175 °C, mittlere Schiene

Eine cremig knusprige Herbsttorte, die schon ein bisschen nach Weihnachten schmeckt.

Schnelle Johannisbeertorte *(Foto)*

Boden:
2 Eier
70 g Zucker
100 g Mehl,
25 g Speisestärke
1 leicht gehäufter TL Backpulver
3 EL Milch

Belag:
300 g Johannisbeeren, 300 ml Wasser
125-150 g Zucker
1 Päckchen Erdbeerpuddingpulver
1 gehäufter TL Speisestärke
200 ml Schlagsahne, 1 Päckchen Sahnesteif
1 Päckchen Vanillezucker
1 Päckchen Soßenpulver ohne Kochen
125-150 ml Milch

Eier und Zucker dickcremig schlagen. Mehl, Speisestärke und Backpulver langsam unterschlagen. Milch kurz unterrühren. Teig in eine Springform geben und backen.
Johannisbeeren (frisch oder gefrostet) mit Zucker und 1/2 Tasse Wasser aufkochen. Das im restlichen Wasser angerührte Pudding- und Speisestärkepulver einrühren und alles einige Male aufkochen. Die Masse auf den erkalteten Tortenboden streichen.
Die mit Sahnesteif und Vanillezucker steif geschlagene Sahne darüber streichen. Soßenpulver und Milch mit dem Schneebesen in ca. 1 Minute gut verrühren und löffelweise über der Sahne verteilen. Glatt streichen, mit Schokoraspeln bestreuen.

Backzeit: 20 Minuten
Hitze: 180 °C, untere Schiene

Diese unkomplizierte, säuerlich-süße Johannisbeertorte ist zu jeder Jahreszeit eine kleine Köstlichkeit.

Johannisbeertorte (Foto)

Boden:
1 Ei (50-60 g)
60 g Margarine
80 g Zucker
170 g Mehl
1 gestrichener TL Backpulver

Belag:
500 g frische oder gefrostete Johannisbeeren
1/4 l Wasser
1 Päckchen Rote Grütze glatt
2 EL Zucker
500 ml Milch
1 Päckchen Puddingpulver
3 EL Zucker
2 Päckchen Vanillezucker
2 EL Rum
250 g Schmand
1 Eigelb
100 ml Wasser
1 Eiweiß, 2 gehäufte EL Zucker
1 Päckchen Gelatine

Ei mit der weichen Margarine und Zucker verrühren, Mehl mit Backpulver langsam unterrühren bzw. kneten. Den Teig auf einem Tortenblech ausrollen, einen etwas höheren Rand andrücken. 250 g frische Johannisbeeren mit 1/4 l Wasser, Zucker und 1 Päckchen Rote Grütze verrühren und aufkochen. Auf den Mürbteig streichen.

Aus Milch, Zucker und Puddingpulver einen Pudding kochen. Den Vanillezucker, den Rum, Schmand und Eigelb flott unterrühren. Über der etwas fest gewordenen Johannisbeermasse verteilen und backen.
Die übrigen 250 g Johannisbeeren mit Wasser kurz aufkochen und etwas durch ein Sieb drücken, es sollen 300 g Fruchtmark entstehen. 100 g davon wegnehmen und die Gelatine darin auflösen, mit den übrigen 200 g Fruchtmark vermischen. Wird der Brei etwas dicklich, das mit Zucker steif geschlagene Eiweiß unterziehen. Diesen schönen rosa Guss über die erkaltete Torte streichen.

Backzeit: 25-30 Minuten
Hitze: 190 °C, untere Schiene

Eine angenehm erfrischende Sommertorte, die auch sehr schön aussieht.

Waldmeistertorte *(Foto)*

Boden:
125 g Zucker
4 Eier
4 EL heißes Wasser
100 g Mehl
100 g Speisestärke
1/2 Päckchen Backpulver
50 g zerlassene Margarine

Belag:
50 g Butter
150 g Bitterschokolade
250 g Magerquark
175 g Waldmeistersirup
1 Päckchen Waldmeistergötterspeise
1/2 Päckchen Gelatine
100 ml Wasser
3 EL Zitronensaft
400 ml Schlagsahne
1 Päckchen Sahnesteif
1 Päckchen Vanillezucker

Garnitur:
200 ml Schlagsahne
1 Päckchen Sahnesteif
1 Päckchen Vanillezucker
1-2 EL Schokoraspeln

Zucker, Eier und Wasser dickcremig schlagen. Mehl, Speisestärke und Backpulver vermischt langsam und nur kurz unterschlagen. Zerlassene abgekühlte Margarine unterziehen. Den Teig in eine Springform geben und backen.
Den Tortenboden nach 1 bis 3 Tagen zweimal durchschneiden. Die mit Butter im Wasserbad zerlassene Bitterschokolade auf den unteren Boden streichen und den zweiten Boden darüber legen.
Quark und Sirup verrühren und die im heißen Wasser und Zitronensaft aufgelöste Gelatine und Götterspeise mit dem Schneebesen flott unterrühren. Bei Gelierbeginn die geschlagene Sahne unterziehen und zur Hälfte auf dem zweiten Tortenboden verteilen. Den dritten Boden darüber legen und die Oberfläche mit dem Rest grüner Creme bestreichen. Den äußeren Rand ebenfalls mit wenig Masse dünn bestreichen und Schokoraspeln andrücken.
Mit geschlagener Sahne die Torte garnieren und mit Schokoraspeln bestreuen.

Backzeit: 30-35 Minuten
Hitze: 180 °C

Eine feine Festtagstorte in Grün.

Stachelbeertorte

Boden:
60 g Margarine
60 g Zucker
1 Päckchen Vanillezucker
1 Prise Salz
2 kleine Eier
130 g Mehl
1 TL Backpulver

Belag:
400 g Stachelbeeren
150 ml Wasser
4 EL Zucker
1 Päckchen grüne Götterspeise
200 ml Wasser
200 ml Schlagsahne
1 Päckchen Vanillezucker
1 Päckchen Sahnesteif
Schokoraspeln

Weiche Margarine, Zucker, Vanillezucker, Salz und Eier gut verschlagen, Mehl mit Backpulver kurz unterschlagen. In eine Springform streichen und 200 g Stachelbeeren darüber streuen. Backen.
Die übrigen Stachelbeeren mit 150 ml Wasser und Zucker 5 Minuten kochen. Götterspeise in 200 ml heißem Wasser auflösen und flott unter die Stachelbeermasse rühren. Sahne mit Vanillezucker und Sahnesteif steif schlagen und sobald die Stachelbeermasse dicklich wird, die Sahne mit dem Schneebesen unterziehen. Auf die erkaltete Torte streichen und mit Schokoraspeln garnieren. Wer mehr Sahne möchte, kann die Torte noch mit Sahnetupfen garnieren.

Backzeit: 20-25 Minuten
Hitze: 180 °C, untere Schiene

Walnuss-Karamell-Torte

Boden:
3 Eier, 3 EL heißes Wasser
100 g Zucker
100 g Mehl, 20 g Speisestärke
20 g Kakao
20 g zerlassene Margarine
1 gestrichener TL Backpulver

Belag:
100 g Zucker
100 g Walnüsse
125 ml schwarzer Kaffee (1 TL Pulver)
250 ml Milch
1 Päckchen Vanillesoßenpulver, 1 Eigelb
1 Päckchen Gelatine, 4 EL Rum
400 ml Schlagsahne
3 Päckchen Sahnesteif
2 Päckchen Vanillezucker
1 Eiweiß
30 g Zucker

Eier, Wasser und Zucker dickcremig schlagen. Mehl, Speisestärke, Kakao und Backpulver langsam unterschlagen und die zerlassene abgekühlte Margarine unterziehen. Teig in eine Springform geben und backen.
Zucker langsam zerlassen, bis eine goldgelbe Farbe entstanden ist, grob geschnittene Walnüsse in wenigen Minuten zur Farbe mit anrösten (nicht zu dunkel). Mit dem abgegossenen Kaffee ablöschen.
Aus Milch, Soßenpulver und Eigelb einen Pudding kochen und mit der Nussmasse vermischen. Gelatine im heißen Rum auflösen und unterrühren. Bei Gelierbeginn die Hälfte der schon steif geschlagenen Sahne mit dem steif geschlagenen Eiweiß unterheben. Diese locker-cremige Nussmasse auf den erkalteten Tortenboden streichen. Mit dem Rest Sahne die Torte garnieren.

Backzeit: 25 Minuten
Hitze: 180 °C, untere Schiene

Ganz besonders feine Festtagstorte.

•Tipp•
Walnüsse alle auf ein Brett schütten und mit einem langen Messer einige Male auf einmal durchschneiden.
Gibt man bei Biskuitteigen etwas zerlassene Margarine zu, wird der Teig etwas stabiler, nicht ganz so locker. Das ist ratsam bei hohen, manchmal auch schweren Belägen.

Erdbeertorte

75 g Margarine, 75 g Zucker
1 kleines Ei
175 g Mehl, 1/2 TL Backpulver
5-6 EL Eierlikör
500-600 g große Erdbeeren
1 Päckchen roter Tortenguss Erdbeergeschmack
200 ml Schlagsahne, 1 Päckchen Sahnesteif
1 Päckchen Vanillezucker

Margarine, Zucker und Ei gut verrühren, Mehl mit Backpulver unterrühren bzw. kneten und den ziemlich weichen Teig in eine Springform streichen. Mit einer Gabel einstechen, etwas Rand andrücken und backen.
Erkaltet den Tortenboden mit Eierlikör bestreichen und die halbierten Erdbeeren mit der Schnittfläche nach unten dicht darüber legen. Tortenguss nach Vorschrift zubereiten und darüber streichen. Die mit Sahnesteif und Vanillezucker steif geschlagene Sahne darüber spritzen.

Backzeit: 15-20 Minuten
Hitze: 200 °C

Stachelbeer-Schnee-Torte *(Foto)*

Boden:
2 Eier
2 EL heißes Wasser
70 g Zucker
30 g Margarine
125 g Mehl
1 gestrichener TL Backpulver

Belag:
300 g Stachelbeeren
400 ml Milch
1 Prise Salz
1 gehäufter EL Zucker
1 Päckchen Vanillezucker
50 g Butter
1 Päckchen Puddingpulver Vanillegeschmack
2 große Eigelb
2 große Eiweiß
75 g Zucker

Frische oder gefrostete Stachelbeeren in kochendes Wasser geben und 5 Minuten ziehen lassen.
Für den Boden die Eier mit Wasser und Zucker dickcremig schlagen. Mehl mit Backpulver langsam unterschlagen. Die zerlassene abgekühlte Margarine unterziehen. Die Masse in eine Springform (26 cm Ø) füllen und backen. Inzwischen 250 ml Milch mit Salz, Zucker, Vanillezucker und Butter aufkochen. Rest Milch mit Puddingpulver und den 2 Eigelb verquirlen, in die kochende Milch rühren. Kurz aufkochen, vom Feuer nehmen und die gut abgetropften Stachelbeeren unterrühren.
Die erkaltete Torte gleich im Ring füllen. Die Fruchtmasse so auf den Boden streichen, daß es in der Mitte etwas höher ist. Eiweiß mit Zucker ganz steif schlagen und die etwas kuppelförmige Torte damit überziehen. Mit einem Teelöffel ringsum kleine Dellen eindrücken. Die Torte im heißen Ofen nun backen, bis die Ränder vom Eischnee leicht gebräunt sind.

Boden Backzeit: 15-20 Minuten
Hitze: 180 °C

Torte Backzeit: 10-15 Minuten
Hitze: 180-200 °C

•Tipp•
Der Tortenboden kann bereits am Vortag gebacken werden. Die Torte kann auch mit Ring in der Form gefüllt und gebacken werden, sie sieht nur im Anschnitt nicht so raffiniert aus.

Mandarinen-Sahnecreme-Torte
(Foto)

Boden:

2 Eier
2 EL heißes Wasser
70 g Zucker, 70 g Mehl
20 g Speisestärke
1 gehäufter EL Kakao
1 TL Backpulver

Belag:

250 g Quark (20 % Fett)
3 EL Zucker
200 ml Blutorangensaft
200 ml Schlagsahne
je 1 Päckchen Sahnesteif und Vanillezucker
1 Päckchen Gelatine
3 Dosen Mandarinen
1 Päckchen heller Tortenguss
250 ml (Blut-) Orangensaft
1 EL Zucker

Eier mit Wasser und Zucker dickcremig schlagen. Mehl, Speisestärke, Backpulver und Kakao sieben und langsam unterschlagen. Den Boden in einer Springform backen.
Quark mit Zucker und 100 ml Orangensaft verrühren. Gelatine im Rest heißen Saft auflösen und mit dem Schneebesen flott unter den Quark rühren. Sobald es etwas dicklich wird, die steif geschlagene Sahne (mit Sahnesteif und Vanillezucker) unterziehen. Auf dem dunklen Boden verteilen und alles etwas fest werden lassen. Die gut abgetropften Mandarinen darüber verteilen und mit einem hellen Tortenguss nach Vorschrift überziehen.

Backzeit: 20-25 Minuten
Hitze: 180 °C

Cremige Festtagstorte, die sehr schön aussieht.

Kartoffel-Marzipan-Torte
(Foto)

4 große Eier
100 g Margarine, 1 TL ZItronenschale
200 g Zucker
2 Päckchen Vanillezucker
400 g gekochte Kartoffeln
1/4 Flasche Bittermandelöl
2 EL Rum
50 g Grieß
50 g Mehl
1 Päckchen Backpulver
100 g gemahlene Nüsse
50 g Bitterschokolade, 2 TL Öl

Die Eier trennen. Weiche Margarine, Zitronenschale, Eigelb, 100 g Zucker und Vanillezucker cremig schlagen. Die mehligen weich gekochten, gepellten und zerquetschten Kartoffeln unterschlagen. Bittermandelöl und

Rum zugeben. Nun mit Grieß, Mehl, Nüssen und Backpulver zu einem Teig verschlagen. Eiweiß mit 100 g Zucker steif schlagen und mit 1/3 davon den Teig auflockern. Den Rest Schnee nur mit dem Schneebesen unterziehen. In einer Springform backen.
Erkaltet mit einem Schokoguss überziehen. Dafür Schokolade und Öl langsam im Wasserbad schmelzen.

Backzeit: 40-50 Minuten
Hitze: 180 °C, untere Schiene

Trotz der bescheidenen Zutaten schmeckt diese „falsche Marzipantorte" nach einem Rezept aus alten Zeiten köstlich. Wer noch Bittermandelöl und Schokoguss weglässt, hat eine Thüringische Erdäpfeltorte. Der Kuchen bleibt lange frisch.

Erdbeer-Quark-Torte *(Foto)*

3 Eier
100 g Zucker, 2 EL Zitronensaft
500 g trockener Quark
75 g zerlassene Butter
75 g Grieß
1/2 Päckchen Backpulver
500 g frische Erdbeeren
1/4 l roter Traubensaft
1 gehäufter EL Speisestärke

Die Eier trennen. Eigelb mit 50 g Zucker und Zitronensaft verschlagen. Quark und zerlassene Butter unterrühren. Grieß und Backpulver zugeben. Eiweiß mit restlichem Zucker steif schlagen und unterziehen. Den Boden in einer gefetteten Springform backen.
In der abgestellten Röhre noch 15 Minuten stehen lassen. Die Quarktorte setzt sich etwas, wobei ein kleiner Rand entsteht.
Die Erdbeeren ganz dicht (große halbieren) auf dem Boden verteilen. Traubensaft mit etwas Stärke binden und darüber verteilen oder einen Tortenguss Erdbeergeschmack darüber geben.

Backzeit: 30-35 Minuten
Hitze: 180 °C

Eine schnelle und aromatische Torte, die am gleichen Tag angeschnitten werden kann, aber auch Tage später nichts an Frische verloren hat.

Maronenpilztorte *(Foto)*

Boden:
3 Eier
100 g Zucker
100 g Mehl
50 g Speisestärke
1 gehäufter TL Backpulver
3 EL Milch

Creme:
2 EL Marmelade
400 ml Milch
1 Päckchen Vanillepuddingpulver
2 EL Zucker
20 g Hartfett
je 70 g Butter und Margarine
kleine Biskuitplätzchen (Eierbiskuits)
40 g Bitterschokolade
1 TL Öl
1 Päckchen grüne Götterspeise
400 ml Wasser
3 EL Zitronensaft
3-4 EL Zucker

Eier mit Zucker dickcremig schlagen, Mehl, Speisestärke und Backpulver langsam und nur kurz unterschlagen. Milch zugeben. Den Teig in eine Springform füllen und backen.
Nach 1 bis 2 Tagen den Boden quer durchschneiden. Die Schnittfläche vom oberen Boden dünn mit Marmelade bestreichen und die Hälfte Creme darüber streichen. Dafür aus Milch, Puddingpulver und Zucker einen straffen Pudding kochen. Hartfett einrühren. Butter und Margarine cremig schlagen und den handwarmen Pudding löffelweise unterschlagen. Den zweiten Tortenboden mit der glatten Fläche (Unterboden) darüber decken.
Die übrige Creme darauf verteilen, einschließlich dem Seitenrand. Die Eierbiskuits dünn mit der im heißen Öl zerlassenen Schokolade bepinseln und abgetrocknet nicht zu dicht auf die Creme setzen. Mit einer grünen Götterspeise überziehen. An den Seitenrand Krümel geben.

Backzeit: 25-30 Minuten
Hitze: 180 °C

Eine lustige Torte auch für Kinder. Man glaubt, dass die „Pilze" durch grünes Gras schimmern.

Kuppeltorte *(Foto)*

Biskuit:
4 Eier, 4 EL Wasser
120 g Zucker, 200 g Mehl
1 gestrichener TL Backpulver

Füllung:
200 g Aprikosenmarmelade
300 g Magerquark
50 g Zucker
1 Päckchen Gelatine
1/2 Päckchen Zitronengötterspeise
150 ml Pfirsichabtropfsaft
2 EL Zitronensaft
1 Dose Pfirsiche
200 ml Schlagsahne
1 Päckchen Vanillezucker
1 Päckchen Sahnesteif
1/2 Zitronengötterspeise
200 ml Pfirsichsaft

Eier, Wasser und Zucker dickcremig schlagen. Mehl mit Backpulver langsam unterschlagen. Den Teig auf ein mit Backpapier ausgelegtes Blech streichen und hell backen. Sofort auf ein Blech stürzen und das Backpapier abziehen. Mit verrührter Marmelade bestreichen und von der Längsseite her aufrollen. Am nächsten Tag in 1 cm breite Scheiben schneiden. Eine Schüssel von ca. 25 cm Durchmesser mit Öl auspinseln und die Scheiben dicht nebeneinander in die Schüssel legen.

Quark mit Zucker verrühren. Gelatine und Götterspeise in warmem Pfirsich-Zitronensaft auflösen, mit 3 EL Quark verrühren und nun alles mit dem Quark vermischen. Pfirsichhälften (400 g) in kleine Würfel schneiden und untermischen. Etwas angestockt die mit Vanillezucker und Sahnesteif steif geschlagene Sahne unterziehen.
Die mit Biskuitscheiben ausgelegte Schüssel damit füllen. Mit dem Rest Biskuitscheiben die Schüssel abdecken. Über Nacht in den Kühlschrank stellen, dann auf eine Platte stürzen und mit der langsam gelierenden Götterspeise (mit Saft hergestellt) überziehen. (Biskuitrolle kann auch fertig gekauft werden.)

Backzeit: 6-8 Minuten
Hitze: 200-220 °C

●Tipp●
Die in ca. 10 Minuten geweichte Gelatine sollte immer erst mit einem kleinen Teil der Quarkmasse verrührt werden. Gibt man sie gleich in die große Quarkmasse, kann es passieren, dass kleine Klümpchen entstehen und ein gleichmäßiges Gelieren nicht mehr möglich ist.
Die Biskuitrolle muss sehr schnell backen, sonst bricht sie und lässt sich nur schwer aufrollen.

Kakaocremetorte mit Johannisbeeren

Boden:
4 Eier (200 g), 120 g Zucker
2 EL Wasser, 100 g Mehl
70 g Speisestärke
1 TL Backpulver

Belag:
30 g Butter
80 g Bitterkuvertüre
2-3 EL rote Marmelade
250 ml Milch
2 gehäufte EL Kakao
1 Päckchen Gelatine
1 Eigelb
70 g Butter
50 g Zucker
300 g Magerquark
1 Eiweiß, 50 g Zucker
150 g Johannisbeeren

Wasser, Eier und Zucker dickcremig schlagen. Mehl, Speisestärke und Backpulver langsam und nur kurz unterschlagen. Den Teig teilen und zwei dünne Tortenböden backen.
Butter und Schokolade lauwarm schmelzen und einen Tortenboden damit überziehen. Mit Kamm Wellen ziehen.
Den zweiten Tortenboden mit der Unterseite nach oben in die Springform zurück legen und mit der Marmelade bestreichen.
Milch und Kakaopulver verquirlt aufkochen. Die Gelatine in etwas abgekühltem Kakao auflösen und alles vermischen. Eigelb, weiche Butter und Zucker cremig schlagen und den Quark zugeben. Bei Gelierbeginn mit der Kakaomasse vermischen. Mit Zucker steif geschlagenes Eiweiß unterziehen. Auf den Marmeladenboden aufstreichen und die Johannisbeeren locker darüber streuen. Den Schokoboden darüber decken und etwas andrücken

Backzeit: 10 Minuten
Hitze: 180-200 °C, untere Schiene

Eine leichte, interessante Sonntagstorte aus alten Zeiten.

Bienenstichtorte

Boden:
200-225 g Mehl
50 g Margarine, 75 ml Milch
1/2 Würfel Hefe
1 Prise Salz, 1 Ei, 2 EL Zucker

Belag:
50 g Butter, 50 g Zucker
1 gehäufter EL Honig
100 ml Kaffeesahne
100 g Mandelblättchen

Füllung:

400 ml Milch
1 Päckchen Vanillepuddingpulver
1 Prise Salz
2 gehäufte EL Zucker
1 TL Gelatine, 2 EL Wasser
80 g Butter
40 g feste Würfelmargarine

Hefe in handwarmer Milch auflösen und in eine Mehlmulde rühren. Ei, zerlassene Margarine, Zucker und Salz unterrühren. Einen Teig kneten und 45 Minuten warm gestellt ruhen lassen. Diesen locker leichten Teig in eine Springform drücken. Butter, Honig und Zucker langsam kochen, bis der Zucker gelöst ist. Kaffeesahne und dann die Mandelblättchen zugeben. Etwas einköcheln lassen. Teig mit der Gabel mehrmals einstechen und die Mandelmasse darüber verteilen. Noch 10 Minuten gehen lassen, dann backen.
Am nächsten Tag quer durchschneiden und mit einer leichten Vanillecreme füllen. Dafür aus Milch, Puddingpulver, Salz und Zucker einen Pudding kochen. Die aufgelöste Gelatine in den heißen Pudding rühren. Butter und Margarine cremig schlagen und den handwarmen Pudding langsam unterschlagen. Vor dem Auftragen die Torte leicht mit Staubzucker besieben.

Backzeit: 20-25 Minuten
Hitze: 190-200 °C

Kirschcremetorte

Boden:

1 Ei
50 g Zucker
1 Päckchen Vanillezucker
1 Prise Salz
50 g Margarine
150 g Mehl
1 TL Backpulver

Belag:

300 g Sauerkirschen
2 EL Zucker, 100 ml Wasser
1/4 l Kirschsaft, 1 Päckchen Puddingpulver
250 ml Milch
250 g Quark 20 % Fett
2 TL Zitronenschale
30 g Margarine
2 Eigelb
1 Päckchen Puddingpulver
1 Päckchen Vanillesoßenpulver
2 Eiweiß
100 g Zucker
1 Prise Salz
Schokoraspeln

Ei mit Zucker, Vanillezucker, Salz und Margarine verrühren. Mehl mit Backpulver allmählich unterrühren bzw. kneten. Den Teig in einer Springform ausrollen, einen kleinen Rand andrücken, mit einer Gabel einstechen und backen.

Kirschen mit Zucker und 100 ml Wasser aufkochen, abtropfen lassen und den Saft auffangen, evtl. mit Wasser auf 1/4 l auffüllen. Aus dem Kirschsaft mit Puddingpulver einen straffen Pudding kochen und die Kirschen untermischen. Die Masse auf den erkalteten (oder noch warmen) Boden streichen.
125 ml Milch, Quark, Zitronenschale und Margarine aufkochen. Eigelb, Pudding- und Soßenpulver in der übrigen Milch verquirlen und alles in die kochende Quarkmasse rühren. Das vorher mit Zucker steif geschlagene Eiweiß unter die kochende Masse ziehen und noch mal kurz aufkochen. Alles über den erkalteten Kirschbelag streichen. Schokoraspeln darüber streuen.

Backzeit: 15-20 Minuten
Hitze: 180-200 °C

Angenehm locker leichte Torte aus alten Zeiten, wo Schlagsahne knapp und teuer war.

Zitronencremetorte *(Foto)*

Boden:
3 Eier (ca. 180 g), 100 g Zucker
3 EL heißes Wasser
75 g Mehl, 75 g Speisestärke
1 TL Backpulver
3 EL rote Marmelade

Belag:
1 Päckchen Vanillesoßenpulver
1 gehäufter TL Speisestärke
3 Eier (ca. 200 g)
400 ml Milch, 120 g Zucker
20 g Butter, 2 gehäufte TL Zitronenschale
100 ml Zitronensaft

Eier, Wasser und Zucker dickcremig schlagen. Mehl, Speisestärke und Backpulver kurz unterschlagen. Den Boden in einer Springform backen. Erkaltet einmal quer durchschneiden und mit der roten Marmelade füllen.
Vanillesoßenpulver, Speisestärke und Eigelb in einem Teil der Milch verquirlen und mit der übrigen Milch, 60 g Zucker, Butter und Zitronenschale einen Pudding kochen. Zitronensaft unterrühren. Sofort das vorher mit Zucker steif geschlagene Eiweiß zu 2/3 in die kochende Masse schlagen und aufkochen lassen. Das restliche Eiweiß auf die heiße Masse geben und unterheben. Die Creme auf den Tortenboden auf die Marmeladenschicht streichen. Die Oberfläche der Torte mit Schokoraspeln bestreuen. Für Festlichkeiten eine nach Vorschrift bereitete Zitronengötterspeise darüber geben und mit Sahne garnieren.

Backzeit: 25-30 Minuten
Hitze: 180 °C

Locker-leichte Sommertorte, die schnell zubereitet ist.

Brombeertorte

Boden:
2 Eier (120 g)
2 EL heißes Wasser
70 g Zucker
70 g Mehl
50 g Speisestärke
1 TL Backpulver

Creme:
350 ml Milch
2 EL Zucker
2 Päckchen Vanillesoßenpulver
1/2 Päckchen Gelatine
2 EL Zitronensaft
2 EL heißes Wasser
30 g Butter
250 g Magerquark
400 g Brombeeren
2 EL Zucker
100 ml Wasser
250 ml Brombeersaft
1 Päckchen Tortenguss rot

Eier, Wasser und Zucker dickcremig schlagen. Mehl, Speisestärke und Backpulver langsam und nur kurz unterschlagen. Teig in einer Springform backen.
Aus Milch, Zucker und Soßenpulver einen straffen Pudding kochen und die in Wasser und Zitronensaft aufgelöste Gelatine untermischen. Die Butter und den Quark in den Pudding rühren. Die erkaltete Torte in der Form lassen und die etwas fest gewordene Creme darüber geben. Kühl stellen.
Die Brombeeren (frisch oder gefrostet) mit Zucker und Wasser kurz kochen und über Nacht durchziehen lassen. Gut abgetropft mit einer Gabel über der Creme verteilen. Aus 250 ml Brombeersaft und Tortenguss einen Guss herstellen und über die Beeren streichen.

Backzeit: 15-20 Minuten
Hitze: 180-200 °C, untere Schiene

Eine erfrischende saftige Torte, die schnell zubereitet ist.

Pflaumentorte

Boden:
4 Eier (250 g)
125 g Zucker, 4 EL Wasser
100 g Mehl, 100 g Speisestärke
1/2 Päckchen Backpulver

Belag:
250 g Pflaumenmus
400 ml Milch
2 EL Zucker, 4 EL Weinbrand
1/2 Päckchen Gelatine
1 Päckchen Sahnesteif
1 Päckchen Vanillezucker
200 ml Schlagsahne
1 Liter-Glas Pflaumen
1 Päckchen roter Tortenguss, 1/4 l Saft
1 Päckchen Vanillepuddingpulver

Eier, Zucker und heißes Wasser dickcremig schlagen. Mehl, Speisestärke und Backpulver auf zweimal langsam und nur kurz unterschlagen. Teig in eine Springform füllen und backen.
Am übernächsten Tag den Boden zweimal durchschneiden und das Oberteil mit der Schnittfläche nach oben in die Springform zurück legen. Mit Pflaumenmus bestreichen und die zweite Platte darüber legen.
Eine leichte Puddingcreme aus Puddingpulver, Milch und Zucker kochen und die im heißen Weinbrand aufgelöste Gelatine unterrühren. Erkaltet mit der steif geschlagenen Sahne vermischen. 2/3 von der leichten weißen Creme darüber streichen und die dritte Platte darauf legen. Restliche Creme darüber geben und mit den gut abgetropften Pflaumen belegen. Aus Abtropfsaft und Tortenguss einen Guss bereiten und über die Pflaumen streichen.

Backzeit: 30-40 Minuten
Hitze: 180 °C

Nusstorte

4 große Eier
150 g Zucker
500 g gemahlene Nüsse
1 EL Mehl
1 Päckchen Backpulver

Eier und Zucker dickcremig schlagen, gemahlene Wal- oder Haselnüsse mit Mehl und Backpulver unterheben. Den Teig in eine Springform geben und backen. Erkaltet einen beliebigen Schokoladenguss darüber geben.

Backzeit: 40-45 Minuten
Hitze: 180 °C

Wer zu DDR-Zeiten nicht gerade einen Walnussbaum im Garten hatte, konnte diese Torte nur zu bestimmten Feierlichkeiten backen.

Trüffeltorte *(Foto)*

Boden:
5 große Eier
175 g Zucker
200 g geriebene Mandeln
75 g Mehl
1 Päckchen Vanillezucker
1 EL Kaffeepulver
1 leicht gehäufter TL Backpulver

Creme:
200 g Butter
75 g Staubzucker
2 Eier (100 g) oder 3 Eigelb
3 EL Rum
150 g Bitterschokolade
Schokostreusel
50 g Bitterschokolade
2 TL Öl

Eier und Zucker dickcremig schlagen. Mandeln, Mehl, Vanillezucker, Kaffeepulver und Backpulver langsam unterschlagen. Den Teig in einer Springform backen.
Weiche Butter und Staubzucker cremig schlagen, nach und nach die mit Rum verrührten Eier oder Eigelb und die in Öl zerlassene erkaltete Schokolade unterschlagen.
Torte zweimal quer durchschneiden und mit 2/3 der Creme bestreichen. Mit der übrigen Creme die Torte überziehen. Mit dem Kamm darüber fahren und ein Schokogitter darüber spritzen. Auf jedes Tortenstück einen Cremetupfer und eine Rumkugel setzen. Dafür die oben gerade geschnittene Tortenoberfläche zerkrümeln und mit etwas Rum, Rumaroma, Kakao etwas Creme und wenig Marmelade feucht rühren. Walnussgroße Kugeln formen und in Schokoblättchen oder Streuseln wenden.

Backzeit: 35-40 Minuten
Hitze: 180 °C

Das war DIE gute Torte in den 60er Jahren.
Sie bleibt sehr lange frisch.

Sauerkirsch-Schoko-Torte

Boden:
3 Eier (ca. 180 g)
120 g Zucker
100 g Mehl
50 g Speisestärke, 1 TL Backpulver
30 g zerlassene Margarine

Füllung:
1 Glas Sauerkirschen
300 ml Abtropfsaft, 1-2 EL Zucker
1 Päckchen Erdbeerpuddingpulver
250-300 ml Schlagsahne
100 g Bitterschokolade

Eier und Zucker dickcremig schlagen. Mehl, Speisestärke und Backpulver langsam unterschlagen und die zerlassene Margarine unterheben. Den Teig in einer Springform backen.
Aus Kirschsaft, Zucker und Erdbeerpuddingpulver einen Pudding kochen und die gut abgetropften Kirschen unterrühren. Den Tortenboden einmal quer durchschneiden. Den unteren Boden mit dem Pudding bestreichen, Deckel aufsetzen.
Die Oberfläche der Torte mit Schokosahne bestreichen und mit Kamm garnieren. Für die Schokosahne die zerbröckelte Schokolade in die erhitzte Sahne rühren. Sobald die Schokolade zerlaufen ist, mit dem Mixstab kurz durchrühren. Über Nacht in den Kühlschrank stellen, dann steif schlagen.

Backzeit: 25-30 Minuten
Hitze: 200 °C, untere Schiene

Aromatische feine Torte, die zu DDR-Zeiten schnell die Runde machte. Die Schlagsahne wurde selber gemacht und die Schokolade dafür kam meist aus dem Westen.

Joghurttorte

Boden:
2 große Eier, 80 g Zucker
100 g Mehl, 20 g Speisestärke
1 leicht gehäufter TL Backpulver, 2 EL Milch

Belag:
2-3 Dosen Mandarinen, 350 ml Mandarinensaft
800 g Naturjoghurt 3,5 % Fett
80-100 g Zucker, 2 Päckchen Vanillezucker
1/2 Päckchen Gelatine
1 Päckchen Zitronengötterspeise
1 Päckchen heller Tortenguss

Eier und Zucker dickcremig schlagen, Mehl, Speisestärke und Backpulver unterschlagen, Milch zugeben. Den Boden in einer Springform backen.
Die Mandarinen abtropfen lassen, den Saft auffangen. Joghurt mit Zucker und Vanillezucker verrühren, die in 100 ml warmem Mandarinensaft eingeweichte Gelatine und Götter-

speise erhitzen und auflösen. Mit 3 EL Joghurt vermischen, nun mit dem Rest Joghurt verrühren. Auf den Tortenboden geben und fest werden lassen. Mandarinen auflegen und den mit 250 ml Mandarinensaft hergestellten Tortenguss darüber streichen. Vorher Tortenring umlegen.

Backzeit: 20 Minuten
Hitze: 180 °C, untere Schiene

● *Tipp* ●
200 g Joghurt kann durch 200 ml steif geschlagene Sahne, die zum Schluss untergezogen wird, ersetzt werden.

Heidelbeertorte

Boden:
3 Eier (ca. 180 g)
100 g Zucker
70 g Mehl, 70 g Speisestärke
1 TL Backpulver, 3 EL Milch

Füllung:
350 g Magerquark
2-3 EL Zucker, 2 EL Zitronensaft
1 Glas Heidelbeeren, 1 Päckchen Gelatine
100 ml Heidelbeerabtropfsaft
200 ml Schlagsahne
1 Päckchen Vanillezucker
1 Päckchen Sahnesteif
2-3 EL Heidelbeermarmelade
250 ml Heidelbeerabtropfsaft
1 EL Zitronensaft, 1 Päckchen heller Tortenguss

Eier mit Zucker dickcremig schlagen. Mehl, Speisestärke und Backpulver, dann die Milch langsam unterschlagen. Den Teig in eine Springform geben und backen.
Quark, Zucker und Zitronensaft verrühren. Die Gelatine in 100 ml warmem Heidelbeersaft in ca. 10 Minuten völlig auflösen. Mit 3 EL Quarkmasse gut verrühren, dann mit den gut abgetropften Heidelbeeren unter den Quark rühren. Die mit Vanillezucker und Sahnesteif steif geschlagene Sahne unterziehen. Den Tortenboden einmal quer durchschneiden, dünn mit Marmelade bestreichen und zurück in die Tortenform mit Rand legen. Die Quarkmasse zum größten Teil darüber streichen und den 2. Boden darauf decken. Etwas andrücken. Den kleinen Quarkrest dünn darüber streichen. Heidelbeersaft, Zitronensaft und Tortenguss binden und über der inzwischen fest gewordenen Oberfläche rasch verteilen.

Backzeit: 30-35 Minuten
Hitze: 180-200 °C, untere Schiene

● *Tipp* ●
Garniert man die dunkle Oberfläche noch mit Schlagsahne, erhält diese feine zart-milde Torte ein festliches Aussehen.

Fächertorte *(Foto)*

Boden:
40 g Kakao
100 ml kochendes Wasser
5 große Eier
200 g Zucker
200 g Mehl
3/4 Päckchen Backpulver

Creme:
3 EL Aprikosenmarmelade
2 EL Rum
400 ml Milch
1 Päckchen Puddingpulver
125 g Bitterschokolade
125 g Butter
200 g Rohmarzipan
1 EL Staubzucker
50 g Bitterschokolade
2 TL Butter

Kakao mit Wasser zu einem dicken Brei verrühren. Eier und Zucker dickcremig schlagen und den erkalteten Kakao-Brei vorsichtig unterschlagen. Mehl mit Backpulver langsam unterschlagen. Den Boden in einer Springform backen.
Am nächsten Tag den Boden in drei Teile schneiden. Den obersten Boden zuunterst auf eine Platte legen und die Schnittfläche mit in Rum verrührter Marmelade bestreichen. Die zweite Platte darüber legen und mit der Hälfte der Creme bestreichen. Die Oberfläche der dritten Platte und die Seiten mit Creme bestreichen. Mit Kamm garnieren und auf jedes Tortenstück bis zur Hälfte eine Spirale spritzen, damit die Fächer, die schräg an die Spirale gelehnt werden, halten.
Für die Creme aus Milch und Puddingpulver einen Pudding kochen. Schokolade in Butter schmelzen. Erkaltet aufschlagen und den handwarmen Pudding löffelweise unterschlagen. Rohmarzipan mit Staubzucker verkneten. Auf Staubzucker zu einer Platte von ca. 26-28 cm ausrollen. Mit einer ähnlich großen Schüssel zu einer runden Platte ausstechen und einen Schokoguss darüber streichen. Dafür Butter und Schokolade zerlassen. Bevor die Schokolade ganz fest wird, die Platte in 12, 14 oder 16 Stücke teilen. Fächer schon einige Zeit vorher herstellen, damit sie stabil sind.

Backzeit: 45-60 Minuten
Hitze: 170 °C

Eine Nostalgietorte für Festlichkeiten, die sehr lange frisch bleibt. Das Marzipan für die Fächer wurde aus Kindergrieß in den 60er Jahren selbst gemacht.

Kakaotorte

Boden:
2 Eier
50 g Margarine
125 g Zucker, 50 g Kakao
250 g Mehl
1 Päckchen Backpulver
250 ml Milch
1 TL Zimt, 2 TL Zitronenschale

Füllung
1 l Milch
2 Päckchen Vanillepudding
3 EL Zucker

Kaffeeguss
1 EL Schmand
100 g Staubzucker
1 1/2 EL schwarzer Kaffee
(1 gehäufter TL auf 1/4 Tasse Wasser)
2 TL zerlassene Butter
dunkle Schokoladenblättchen

Eier, weiche Margarine und Zucker gut verschlagen. Mehl, Backpulver, Kakao und Milch mit den Gewürzen kurz unterschlagen. In einer Springform backen.
Aus Milch, Puddingpulver und Zucker einen Pudding kochen und etwas abgekühlt die zweimal geteilte Torte damit füllen.
Schmand mit Staubzucker und Kaffee 1 Minute rühren und die zerlassene Butter unterrühren. Diesen hellen Kaffeeguss auf die Oberfläche streichen und den Rand zur Mitte hin ca. 3 cm mit dunklen Schokoblättern bestreuen.

Backzeit: 30-40 Minuten
Hitze: 180 °C

●Tipp●
Diese einfache Torte nach einem uralten Rezept wurde auch mit Marmelade oder Creme gefüllt. Zur Abwechslung auch mal mit Zitronen- oder Schokoguss.
Alle Tortenböden, die gefüllt werden sollen, immer 1-3 Tage vorher backen.

Quench- oder Quicktorte

Boden:
2 Eier
70 g Zucker
100 g Mehl
25 g Speisestärke
1 leicht gehäufter TL Backpulver
3 EL Milch

Belag:
200-250 g Schmand
1 Tüte Getränkepulver
400-500 ml Schlagsahne
3-4 Päckchen Sahnesteif
2-3 Päckchen Vanillezucker

Eier und Zucker dickcremig schlagen. Mehl, Backpulver und Speisestärke kurz unterschlagen und die Milch zugeben. Den Boden backen.
Schmand mit Getränkepulver verrühren. Sahne mit Sahnesteif und Vanillezucker steif schlagen mit dem Schmandgemisch mit dem Schneebesen untereinander heben. Auf den erkalteten Tortenboden streichen und mit geraspelter Schokolade bestreuen.

Backzeit: 15-20 Minuten
Hitze: 180 °C, untere Schiene

Eine sehr beliebte und weithin bekannte Festtagstorte aus DDR-Zeiten. Getränkepulver in den Geschmacksrichtungen Orange, Mandarine, Zitrone, Himbeere, Kirsch und die Schokoraspeln gab es damals nur in den teuren Delikatläden. Schlagsahne wurde häufig aus 250 ml Milch und 150 g Butter selbst hergestellt, weil sie ebenfalls knapp und teuer war.

Blitzquarktorte

1 Ei, 75 g Zucker, 75 g Margarine
200-225 g Mehl, 1 gestrichener TL Backpulver
500 g Magerquark, 2 TL Zitronenschale
1 Päckchen Vanillepuddingpulver
125 g Zucker, 2 Päckchen Vanillezucker
1 Prise Salz, 2 Eier, 1/2 Tasse Öl, 1/2 l Milch

Schokoladenguss:
3 EL Zucker
1 kleines Ei (50 g)
1 Päckchen Vanillezucker, 2 EL Kakao
100 g Hartfett, evtl. 1 EL Rum oder Milch

Ei mit Zucker und weicher Margarine verrühren und das mit Backpulver gesiebte Mehl unterkneten. 1/3 Teig für den Rand wegnehmen und den Rest auf einem Tortenblech ausrollen. Von einer Teigrolle einen Rand umlegen und andrücken.
Quark mit Puddingpulver, Zucker, Zitronenschale, Salz, Vanillezucker und Eiern verrühren. Öl zufügen und die Milch schluckweise unterrühren (am besten mit Schneebesen). Diese dünnflüssige Masse langsam auf den Tortenboden geben. Die Torte backen.
Diese Nostalgietorte wurde erkaltet mit guter Butter bepinselt und mit Staubzucker besiebt. Für festliche Anlässe kam noch ein selbstgemachter Schokoguss darauf.
Dafür Zucker mit Ei verrühren. Kakao zugeben und das zerlassene etwas abgekühlte Hartfett nach und nach zugeben (evtl. mit etwas Milch oder Rum glatt rühren).

Backzeit: 40-50 Minuten
Hitze: 180 °C, untere Schiene

Eine praktische Torte, die lange frisch bleibt.

Marzipan-Nugat-Torte *(Foto)*

<u>Boden:</u>
4 Eier (ca. 270 g)
130 g Zucker, 4 EL Wasser
100 g Mehl, 100 g Speisestärke
1 leicht gehäufter TL Backpulver

<u>1. Füllung:</u>
2-3 EL feste rote Marmelade oder Johannisbeergelee
200 g Rohmarzipan
2-3 EL Weinbrand

<u>2. Füllung</u>
250 ml Milch
1 Päckchen Vanillesoßenpulver
1 TL Speisestärke
3 EL Weinbrand, 100 g Butter
100 g Bitterkuvertüre
150 g Nugatstangen (3 Stck.)

Eier, Zucker und Wasser dickcremig schlagen. Mehl, Speisestärke und Backpulver kurz unterschlagen. Den Teig in eine Springform füllen und backen.
Den Tortenboden nach 1-3 Tagen zweimal durchschneiden. Den unteren Boden dünn mit heißer Marmelade bestreichen. Etwas angetrocknet das mit Weinbrand verknetete Marzipan mit dem Messer darüber streichen. Den zweiten Boden darüber legen und etwas andrücken.
Aus Milch, Soßenpulver und Speisestärke einen Pudding kochen und etwas abgekühlt den Weinbrand einrühren. Die weiche Butter cremig schlagen und den handwarmen Pudding unterschlagen.
Von einer Nugatstange 16 Scheiben abschneiden und beiseite stellen. Rest Nugat und die Kuvertüre im Wasserbad schmelzen und handwarm löffelweise unter die Creme schlagen. Die Hälfte davon auf den zweiten Boden streichen und den dritten Boden darüber legen. Rest Creme (bis auf 3 EL) auf der Oberfläche und dem äußeren Rand verteilen. Mit Kamm darüber fahren, auf jedes Tortenstück eine Rosette spritzen und mit einer Nugatscheibe garnieren. An den äußeren Rand Krümel oder geröstete Nüsse drücken.

<u>Backzeit: 30-35 Minuten</u>
<u>Hitze: 180 °C</u>

Diese extra feine Festtagstorte erinnert optisch und geschmacklich an die Kondischnitten, die es zu DDR-Zeiten gab. 2-3 Tage vor dem Fest kann diese Torte schon fix und fertig bereit stehen.

Himbeertorte

Boden:
2 Eier (ca. 130 g)
80 g Zucker, 80 g Mehl
50 g Speisestärke
3 EL Milch, 1 TL Backpulver

Belag:
500 g Himbeeren, 1/4 Tasse Wasser
1/4 l Milch
50 g Zucker, 1 Eigelb
2 Päckchen Gelatine
8 EL Wasser
1 Eiweiß, 50 g Zucker
3 EL Himbeermarmelade
200 ml Schlagsahne
1 Päckchen Sahnesteif
1 Päckchen Vanillezucker

Eier mit Zucker dickcremig schlagen, Mehl, Backpulver und Speisestärke langsam mit der Milch unterschlagen. Den Boden backen.
Himbeeren mit 1/4 Tasse Wasser langsam kurz kochen und durch ein Sieb streichen. Milch mit Zucker und Eigelb verquirlt unter Rühren kurz aufkochen. Die Gelatine im warmen Wasser auflösen und mit der Eiermilch verrühren. Das Himbeermark (400 g) zugeben. Vor Gelierbeginn das mit Zucker steif geschlagene Eiweiß und die mit Sahnesteif und Vanillezucker steif geschlagene Sahne unterziehen. Den Tortenboden in der Form mit Marmelade bestreichen und die Himbeercreme darüber verteilen. Mit Kamm darüber fahren und mit Schokoraspeln bestreuen.

Backzeit: 20-25 Minuten
Hitze: 180 °C

Eine schnelle und praktische Himbeertorte für die letzten nicht mehr so schön aussehenden Himbeeren aus dem Garten.

Tipp
Sollten durch nicht gut aufgelöste Gelatine Klümpchen in der Himbeermilch entstehen, alles durch ein Sieb geben. Die zurückgebliebenen Klümpchen lösen sich in einem Töpfchen auf der warmen Herdplatte auf.

Birnen-Schoko-Nuss-Torte

120 g Margarine
120 g Zucker
3 Eier, 230 g Mehl
1/2 Päckchen Backpulver
1 EL Kakao, 75 ml Milch
je 1 TL Zimt und Zitronenschale
75 g gehackte Walnüsse
75 g gehackte Schokolade
1 Dose halbierte Birnen

Margarine und Zucker kurz verschlagen, Eier nach und nach unterschlagen. Mit Kakao, Mehl, Backpulver und der Milch zu einer glatten Masse verschlagen. Gewürze, Schokolade und Nüsse unterrühren und zur reichlichen Hälfte in eine Springform geben. Die gut abgetropften Birnenhälften mit der Rundung nach oben auf dem Teig verteilen. Den übrigen Teig darüber streichen. Die Torte backen.
Erkaltet mit zerlassener abgekühlter Butter bepinseln und mit Staubzucker besieben oder einen frischen Zitronenguss darüber verteilen.

Backzeit: 50-60 Minuten
Hitze: 180 °C, mittlere Schiene

Eine feine, schnell zubereitete Sonntagstorte, die länger frisch bleibt.

Sauerkirschtorte „Marianne“ (Foto S. 29)

2 Eier
100 g Zucker, 100 g Mehl
1 gehäufter EL Kakao
1 TL Backpulver, 2 EL Milch
50 g grob geschnittene Walnüsse
1 Glas Sauerkirschen
400 ml Abtropfsaft, 3 EL Zucker
1 Päckchen Rote Grütze glatt
400 ml Schlagsahne
3 Päckchen Sahnesteif
3 Päckchen Vanillezucker

Eier mit Zucker dickcremig schlagen. Mehl, Kakao und Backpulver unterschlagen. Mit Milch und grob geschnittenen Walnüssen verrühren. 2/3 der gut abgetropften Kirschen darüber verteilen und backen.
Aus dem Abtropfsaft, Zucker und 1 Päckchen Rote Grütze einen Pudding kochen und die restlichen Kirschen einrühren. Sahne mit Sahnesteif und Vanillezucker zu einer festen Masse schlagen und auf der Torte verteilen, die erkaltete Pudding-Kirschmasse vorsichtig über die Sahneschicht streichen.

Backzeit: 15-20 Minuten
Hitze: 180 °C

Knackig, sahnig und sehr fruchtig als unkomplizierte Festtagstorte sehr zu empfehlen.

Bekannt und beliebt
Torten
aus aller Welt

Schwedische Apfeltorte

3 Eier (150-160 g)
100 g Zucker
100 g Mehl
25 g Speisestärke
1 gestrichener TL Backpulver
20 g zerlassene Margarine
450-500 g grobe Apfelraspeln von säuerlichen Äpfeln

1 Zitrone
125-150 g Zucker
3/4 Tasse Wasser
2 Eier
1 Päckchen Vanillepuddingpulver
50 g Butter
200 ml Schlagsahne
1 Päckchen Sahnesteif
1 Päckchen Vanillezucker
Schokoraspeln

Eier mit Zucker dickcremig schlagen. Mehl, Speisestärke und Backpulver langsam unterschlagen und die zerlassene Margarine unterziehen. Den Boden backen.
Geschälte Äpfel grob in eine Schüssel raspeln und mit Zitronensaft und Zucker mit etwas Zitronenschale vermischen. Alles in einem Topf mit 1/2 Tasse Wasser zum Kochen bringen. Eier, Puddingpulver und 1/4 Tasse Wasser verquirlen und in die kochende Apfelmasse rühren, bis alles dicklich ist. Butter unterrühren und auf den gebackenen Tortenboden streichen. Kühl stellen. Mit Schlagsahne und Raspelschokolade garnieren.

Backzeit: 20-25 Minuten
Hitze: 180-200 °C

Französische Apfeltorte „Torte Tatin“

125 g Margarine oder Butter
80 g Zucker
1 Eigelb
175 g Mehl
1 gestrichener TL Backpulver
4 gehäufte EL Zucker
50 g Butter
500-600 g geviertelte säuerliche Äpfel

Margarine, Zucker und Eigelb verrühren, Mehl mit Backpulver unterrühren bzw. kneten. Kühl stellen. Zucker in einer breiten Stielpfanne langsam schmelzen, Butter zugeben, alles leicht bräunen. Alles in eine geschlossene Tortenform geben und die Apfelviertel mit der Rundung nach unten dicht nebeneinander auf das Karamell legen. Den Mürbeteig zu einer Platte 26 x 26 cm ausrollen und über die Äpfel legen. Mit der Gabel mehrmals einstechen, backen.
1-2 Minuten nach Backende die heiße Torte sofort auf eine Platte stürzen. Vor dem Auftragen leicht mit Staubzucker bestäuben. (Auch Schlagsahne passt dazu, muss aber nicht sein.)

Backzeit: 30-35 Minuten
Hitze: 190 °C, mittlere Stufe

Diese besonders feine Apfeltorte sollen zwei französische Fräulein namens Tatin erfunden haben. Allerdings mit einem echten Mürbeteig aus 250 g Mehl, 200 g Butter, 50 g Staubzucker und 1 Eigelb, ohne Backpulver.

In den 60er Jahren, als es noch keine geschlossenen Tortenformen gab, wurde die Torte gleich in einer Stielpfanne (26 oder 28 cm Durchmesser) gebacken: Äpfel auf die Karamellmasse legen, Teigplatte darauf, fertig.

Schmandtorte

Boden:
65 g Margarine, 75 g Zucker, 1 Ei
150 g Mehl, 1 TL Backpulver

Belag:
1/2 l Milch, 125-150 g Zucker
2 Päckchen Vanillezucker
2 Päckchen Vanillepuddingpulver
600 g Schmand
3 Dosen Mandarinen
1/4 l kräftiger Orangensaft (am besten Blutorange) oder Mandarinenabtropfsaft
1 Tortenguss hell, 1-2 EL Zucker

Aus Margarine, Zucker, Ei, Mehl und Backpulver einen Teig kneten und in eine Springform drücken. Einen kleinen Rand hochziehen.
Für den Belag aus Milch, Zucker, Vanillezucker und Puddingpulver einen straffen Pudding kochen und den Schmand einrühren. Die Masse etwas abgekühlt auf den Tortenboden streichen. Die Mandarinen gut abtropfen lassen und den Saft auffangen. Die Früchte auf der Torte verteilen und backen. Die Torte in der Form abkühlen lassen.
Aus dem Mandarinen- oder Blutorangensaft, Tortenguss und Zucker einen hellen Guss bereiten und über die erkaltete Torte geben.

Backzeit: 45 Minuten
Hitze: 180-190 °C

Linzer Torte (Foto)

175 g Margarine
125 g Zucker, 1 Ei
1 TL Zimt, 1 Msp. gemahlene Nelken
1 gehäufter TL Zitronenschale
1 Prise Salz, 1 gehäufter TL Backpulver
250 g Mehl
200 g gemahlene Mandeln
300 g feste Marmelade
1 EL Zitronensaft
1 Eigelb, etwas Staubzucker

Margarine, Zucker, Ei und Gewürze kurz verrühren und die Mandeln zugeben. Nach und nach das Mehl mit Backpulver zugeben und einen Teig kneten. Den Teig 1 Stunde kalt stellen. Die reichliche Hälfte der Teigmenge auf Springformgröße ausrollen und auf ein gefettetes, mit Mehl bestäubtes Tortenblech geben. Marmelade mit Zitronensaft vermischt dick darüber streichen.
Vom übrigen Teig Streifen (nicht zu dünn) ausrädeln und als Gitter darüber legen. Rest Teig als Rolle geformt um den Tortenrand legen. Eigelb mit 1 TL Wasser verrührt auf das Gitter und den Rand pinseln. Die Torte backen. Erkaltet dünn mit Staubzucker besieben.

Backzeit: 35-40 Minuten
Hitze: 180 °C

Hält sich lange frisch.

Baseler Apfeltorte

<u>Boden:</u>
125 g Margarine
100 g Zucker
1 Ei
270 g Mehl
1 gestrichener TL Backpulver

<u>Belag:</u>
2 EL rote Marmelade
200 ml Milch
1 EL Zucker
1/2 Päckchen Vanillepuddingpulver
30 g Butter
600 g Apfelspalten
1-2 EL Zucker
1/4 l Apfelsaft
2 Eigelb
1/4 l Milch
1 Päckchen Gelatine
3 EL Rum
1 gehäufter TL Zitronenschale
2 Eiweiß
80 g Zucker
1 Päckchen heller Tortenguss

Ei, Zucker und Margarine verrühren und mit Mehl und Backpulver zu einem glatten Teig rühren bzw. kneten. Teig teilen und auf 2 gefetteten und bemehlten Tortenblechen backen. Erkaltet mit Marmelade zusammensetzen und einen Tortenring umlegen.

Milch, Zucker und Puddingpulver zu einem Pudding kochen und die Butter einrühren. Lauwarm auf der Teigplatte verteilen.
Apfelspalten mit Zucker im kochenden Apfelsaft langsam weich dünsten und gut abgetropft über der Vanillecreme verteilen. Eigelb und Zitronenschale mit Milch verquirlt stark erhitzen. Gelatine in Rum und etwas Eiermilch auflösen und alles vermischen. Sobald es dicklich wird, die mit Zucker steif geschlagenen Eiweiß unterziehen und über die Äpfel geben. 1/4 l Abtropfsaft mit Tortenguss binden und über die Torte streichen.

<u>Backzeit: 10-15 Minuten</u>
<u>Hitze: 180-200 °C</u>

Knackige, locker leichte Apfeltorte, die nicht so aufwendig ist, wie es aussieht.

Sachertorte

6 Eier (400-450 g)
150 g Zucker, 150 g Mehl
1 TL Backpulver, 2 EL Kakao
100 g zerlassene Butter
100 g zerlassene Bitterschokolade
350 g Aprikosenmarmelade
3 EL Rum
150 g Bitterschokolade
30 g Butter

Eigelb mit 75 g Zucker cremig schlagen. Mehl, Backpulver und Kakao unterschlagen. Nun die zerlassene Butter und Schokolade lauwarm unterschlagen. Eiweiß mit dem restlichen Zucker steif schlagen und 1/3 Schnee mit der Schokomasse schön glatt rühren. Den Rest Eischnee unterheben. Teig in eine Springform füllen und backen.
Nach 1-3 Tagen die Torte quer durchschneiden und mit 2/3 der heißen mit Rum vermischten Marmelade füllen. Die übrige Rum-Marmelade auf die Oberfläche und den äußeren Rand der Torte streichen.
Schokolade mit Butter langsam im Wasserbad schmelzen. Erkalten lassen und nochmals leicht erwärmen. Dann die glatte krümelfreie Oberfläche und die Seiten mit Hilfe eines Messers mit der Schokolade überziehen.

Backzeit: 40-50 Minuten
Hitze: 170-180 °C

Das Originalrezept dieser Torte wird wohl niemand erfahren. Versuche, diese weltberühmte Torte nachzuahmen, gibt es überall. Mein Rezept ist auch nur ein Versuch – ein bescheidener, aber sehr wohlschmeckender.

● *Tipp* ●

Schokolade nicht über 40 °C erwärmen, sonst geht der Glanz verloren. Zweimal erwärmen wirkt sich günstig auf einen schönen Glanz aus.

Holländer Kirschtorte *(Foto)*

Mürbeteigboden:
120 g Mehl
50 g Margarine
30 g Zucker
1 Eigelb, 1 EL Rum
1/4 TL Backpulver

300-400 g fertiger Blätterteig

Belag:
3 TL rote Marmelade
50 g Staubzucker
2 TL heißes Wasser
2 EL rote Marmelade
350 g entsteinte Sauerkirschen
2 gehäufte EL Zucker
1/2 TL Zimt
100 ml Wasser
1 Päckchen Puddingpulver
400 ml Schlagsahne
1 Päckchen Vanillezucker
1 EL Staubzucker
1/2 Päckchen Gelatine
4 EL Wasser

Aus den angegeben Zutaten für den Boden einen Teig kneten und in einer Springform backen.
Aus dem fertigen Blätterteig 2 Tortenböden ausrollen, mit der Gabel einstechen und backen. Einen Blätterteigboden noch heiß mit heißer Marmelade dünn bestreichen. Kurz trocknen lassen, dann einen nicht zu flüssigen Zuckerguss darüber streichen. Am nächsten Tag in beliebig viele Stücke (12, 14 oder 16) schneiden.
Den dünnen Mürbteigboden mit Marmelade bestreichen, einen Blätterteigboden darüber decken und einen Tortenring umlegen. Sauerkirschen mit Zucker, Zimt und 100 ml Wasser aufkochen. Abtropfen lassen und 1/4 l Saft mit dem Puddingpulver dickkochen und die Kirschen unterheben. Auf dem Blätterteig verteilen.
Sahne steif schlagen, Staubzucker, Vanillezukker und die im Wasser aufgelöste Gelatine unterschlagen und über den Kirschen verteilen. Glasierte Tortenstücke darüber legen und mit einem Rest Sahne Tupfer auf jedes Stück spritzen. Mit einer Belegkirsche garnieren.

Backzeit Mürbeteig: ca. 10 Minuten
Hitze: 180-190 °C

Backzeit Blätterteig: 10-15 Minuten
Hitze: 200-220 °C

Diese Torte lohnt sich zu backen, denn sie ist etwas ganz Besonderes.

Tiramisu-Torte

Boden:
3 Eier (ca. 200 g)
3 EL heißes Wasser
120 g Zucker
70 g Speisestärke
70 g Mehl
20 g Kakao
1 TL Backpulver

Füllung:
2 Eigelb
70 g Staubzucker
200 g Frischkäse
200 g Magerquark
125 ml Amarettolikör
50 ml starker Kaffee
(2 TL Pulver auf 1/2 Tasse Wasser)
1 Päckchen Gelatine
1 Päckchen Sahnesteif
1 Päckchen Vanillezucker
200 ml Schlagsahne
1 Eiweiß
30 g Zucker
2 EL Kakao

Für den Boden die Eier mit Zucker und Wasser dickcremig schlagen, Mehl, Speisestärke, Kakao und Backpulver kurz unterschlagen. Die Masse in einer Springform verteilen und backen.
Eigelb mit Staubzucker zu einer dicken Creme schlagen. Frischkäse und Magerquark unterschlagen. Likör und Kaffee mischen. Tortenboden quer durchschneiden. Beide Böden mit der halben Menge Flüssigkeit tränken. Den Rest erwärmen und die Gelatine darin auflösen. Mit 3 EL Quarkmasse vermischen. Nun flott und gründlich unter die gesamte Quarkmasse schlagen. Vor Gelierbeginn die mit Sahnesteif und Vanille geschlagene Sahne und das mit Zucker steif geschlagene Eiweiß unterziehen. Die Torte mit 2/3 der Masse füllen (vorher Tortenring umlegen). Die übrige Masse auf die getränkte Oberfläche streichen. Vor dem Servieren dick mit Kakao besieben.

Backzeit: 25-30 Minuten
Hitze: 180 °C, untere Schiene

Aromatische, gut aussehende, locker-leichte Torte.

Das Originalrezept für die Torte ist wesentlich gehaltvoller durch die Verarbeitung von sehr fetthaltigem Mascarpone (italienischer Frischkäse) und den hohen Eieranteil. Trotzdem bleibt diese Torte auch in der leichten Variante etwas Besonderes.

•Tipp•
Wer den bitteren Kakaogeschmack nicht mag, kann Schokotrinkpulver über die Torte sieben. Wenn Tortencremes mit Zugabe von Gelatine gelingen sollen, muss folgendes beachtet wer-

den: Die in wenig Flüssigkeit in 5-10 Minuten vollständig aufgelöste Gelatine muss erst mit wenig Creme (ca. 3 EL) verrührt werden, bevor sie in der großen Schüssel mit der gesamten Creme vermischt wird. Nur so kann sich die klümpchenfreie Creme mit der geschlagenen Sahne verbinden und alles gut auflockern.

Brüsseler Baisertorte

Mürbeteigboden:
50 g Margarine
50 g Zucker
2 kleine Eigelb
130 g Mehl, 1/2 TL Backpulver

Schokoboden:
70 g Zucker, 2 Eier
50 g Margarine
100 g Mehl, 25 g Kakao
1 EL Schmand
1 gestrichener TL Backpulver

Belag:
500 g Pflaumenmus
50 g Orangeat, 4 EL Rum
4 bittere Mandeln
4 EL heißes Wasser
4 EL Zitronensaft
1 Päckchen Gelatine
2 Eiweiß, 70 g Zucker

Alle Zutaten von Margarine bis Backpulver zu einem Teig verrühren bzw. verkneten. Den Boden backen.
Zucker, weiche Margarine und Eier cremig schlagen. Mehl, Kakao und Backpulver unterschlagen. Schmand zugeben. Den Schokoboden backen.
Den erkalteten Mürbeteigboden mit 2 EL Pflaumenmus dünn bestreichen und den Schokoboden darüber legen. Rest Pflaumenmus mit geriebenen bitteren Mandeln, Rum und zerkleinertem Orangeat verrühren. Die in Wasser und Zitronensaft aufgelöste Gelatine unterrühren und auf die Torte streichen.
Eiweiß mit Zucker ganz steif schlagen und mit dem Spritzbeutel auf jedes Tortenstück eine Spirale spritzen. Im heißen Ofen überflammen, bis die Spitzen goldgelb gefärbt sind. (Diese Baisermasse erst am nächsten Tag darüber spritzen.)

1. Backzeit: 10-15 Minuten
Hitze: 200 °C

2. Backzeit: 25-30 Minuten
Hitze: 180 °C

3. Backzeit (Überflammen): 10-15 Minuten
Hitze: 180 °C

Diese aromatische Torte wurde schon in den 60er Jahren gern gebacken.

Schwarzwälder Kirschtorte

Boden:
4 Eier
4 EL heißes Wasser
130 g Zucker
70 g Mehl
70 g Speisestärke
2 EL Kakao
1 TL Backpulver

Belag:
1 Glas Sauerkirschen
250 ml Abtropfsaft
1 Päckchen Soßenpulver
1 gehäufter TL Speisestärke
10 EL Kirschwasser
400 ml Schlagsahne
6 gehäufte TL Sofortgelatine
2 Päckchen Vanillezucker
2 EL Kirschkonfitüre
200 ml Schlagsahne
1 Päckchen Sahnesteif
1 Päckchen Vanillezucker
16 Belegkirschen, 50 g Schokospäne

Eier mit Wasser und Zucker dickcremig schlagen. Mehl, Speisestärke, Kakao und Backpulver langsam und nur kurz unterschlagen. In einer Springform backen.
Kirschen gut abtropfen lassen, Saft auffangen. Aus Kirschsaft, Soßenpulver und Speisestärke einen Pudding kochen und mit den Kirschen und der Hälfte des Kirschwassers verrühren. Den Tortenboden einmal quer durchschneiden und die Kirschmasse auf die Schnittfläche der oberen Hälfte verteilen.
Schlagsahne mit Sofortgelatine und Vanillezucker vermischt ganz steif schlagen und über die Kirschmasse streichen. Die Schnittfläche der Deckplatte mit restlichem Kirschwasser tränken und auf die Sahneschicht legen. Die glatte Oberfläche dünn mit Kirschkonfitüre bestreichen. Die mit Sahnesteif und Vanillezucker steif geschlagene Sahne zur reichlichen Hälfte auf der Konfitüre und dem äußeren Rand verstreichen.
Sahnetupfer auf jedes Stück spritzen und eine Belegkirsche darauf legen. Die Tortenmitte dick mit Schokospänen oder Raspelschokolade bestreuen.

Backzeit: 30-35 Minuten
Hitze: 180 °C

Die allen bekannte und sehr beliebte wunderbare Festtagstorte in einfacher, unkomplizierter Zubereitungsart.

Tipp
Schokospäne kann man leicht selbst herstellen. Einfach mit einem scharfen Messer dünne zerbrechliche Streifen von Schokolade oder Kuvertüre abschneiden.

Einfache Thüringer Schnellgerichte

Hackbällchenauflauf *(Foto)*

500 g gewürztes Gehacktes
3 Paprikaschoten
100 g Schmand
1 EL Tomatenmark, 2 TL Paprikapulver
1 gehäufter TL Mehl
100 g Zwiebelwürfel, 1 EL Öl
1/8 l Brühe (aus 1 TL Pulver)
100 g Reibekäse

Aus dem gut gewürzten Gehackten kleine walnussgroße Kugeln formen und in heißem Öl ringsum braun anbraten, in eine Auflaufform geben. Zwiebelwürfel im Bratfett anschwitzen und mit den klein gewürfelten Paprika braten, bis die Zwiebel eine leichte Färbung hat. Alles zwischen den Bällchen verteilen. Schmand, Tomatenmark, Brühe, Paprikapulver (evtl. einige Spritzer Tabasco) und Mehl verquirlen und über den Auflauf gießen.

Dick mit Reibekäse bestreuen. 25-30 Minuten bei 150-180 °C überbacken, bis der Käse schmilzt und leicht gefärbt ist. Als Beilage Nudeln.

Sehr zu empfehlendes Schnellgericht mit reichlich würziger Soße. Auch beliebt als Partygericht.

Wirsing mit Würstchen

1 Zwiebel
1 EL Öl
100 g magerer Bauchspeck
750 ml Brühe (aus 3 gehäuften TL Pulver)
500 g Kartoffeln
500 g Wirsing, 1 TL Kümmel, Pfeffer
1 EL braune Butter
4 Bockwürste oder Wiener

Speckwürfel in Öl langsam ausbraten, Zwiebelwürfel zugeben und mit andünsten. Brühe zugeben und 5 Minuten kochen lassen. Kartoffelwürfel und in Streifen geschnittenen Wirsing zugeben und alles in ca. 15 Minuten weich kochen. In Scheiben geschnittene Würstchen in der Suppe aufkochen. Etwas gebräunte Butter verfeinert das Gericht.

Ein Blitzgericht, das früher mit Knochenbrühe bereitet wurde.

Erbspüree *(Foto)*

250 g gefrostete Erbsen
1 mittelgroße Kartoffel
1 EL Schmand
Salz, Pfeffer
75 g Räucherbauch
150 g Zwiebelringe

Die gefrosteten Erbsen in 2-3 EL Wasser kurz weich dünsten und zusammen mit der weich gedünsteten Kartoffel (eine von den Püreekartoffeln nehmen) mit dem Pürierstab pürieren. Mit Schmand geschmeidig rühren. Mit Salz und Pfeffer lieblich abschmecken.
Räucherbauchwürfel langsam ausbraten und mit den Zwiebelringen weiter braten, bis sie etwas Farbe nehmen. Auf den Tellern über dem Erbspüree verteilen. Kartoffelpüree und Sauerkraut (roh oder gekocht) daneben setzen. Dazu passt eine dicke Scheibe erwärmter Römerbraten (Hackbraten).

Zu Erbspüree (früher aus Erbswurst gemacht) gehörte früher immer Sauerkraut, meist mit frischer gebratener Bauernbratwurst.

Bohnen-Tomaten-Auflauf

400 g grüne Bohnen
250 g Tomaten
1 TL Butter
1-2 EL Schmand
70-100 g Käsescheiben
1 EL Semmelmehl
50 g Zwiebelwürfel
Salz, Pfeffer, Knoblauchsalz

Stampfkartoffeln
Kartoffeln, Salz, Muskat
braune Butter, Milch

Kleine Zwiebelwürfel in heißer Butter anschwitzen. Nun die gekochten Schnippelbohnen mit wenig Salz, Pfeffer und Knoblauchsalz gewürzt kurz mit anschwitzen. Saure Sahne unterrühren und in eine Auflaufform geben. Mit Tomatenscheiben abdecken und Käsescheiben darüber legen. Mit wenig Semmelmehl bestreut bei 180 °C in 20 Minuten überbacken. Dazu schmecken Stampfkartoffeln und Bauernbratwurst.
Gedämpfte Kartoffeln zerstampfen, mit Salz und Muskat würzen und mit etwas leicht gebräunter Butter verrühren. Wenig Milch unterrühren. Bauernbratwurst in einer Antihaftpfanne ringsum braun braten.

Ein herzhaftes Gericht – geht schnell und schmeckt prima.

Überbackener Chicorée

4 Stangen Chicorée
1/2 l Wasser, 1 Prise Salz
2 TL Zitronensaft
4 Scheiben Kochschinken
4 Scheiben Schnittkäse
100 ml Schlagsahne
1 EL Tomatenketchup, Salz, Pfeffer
2 EL Semmelmehl
50 g Kräuterbutter

Chicorée längs aufschneiden und den bitteren Kern entfernen. Mit Salz und Zitronensaft in 10-15 Minuten weich kochen. Gut abgetropft je Stange mit 1 Scheibe Kochschinken, dann mit Schnittkäse umwickeln. In eine gefettete Auflaufform legen. Sahne mit Salz, Pfeffer und Ketchup verquirlen und über die Rollen gießen. Semmelmehl und zerlassene Kräuterbutter darüber geben. Überbacken, bis der Käse schmilzt und leicht gefärbt ist (10-15 Minuten bei 180-200 °C).
Dazu Bandnudeln, mit wenig Brühe vermischt.

Pilz-Nudel-Auflauf

200-250 g Spiral-Nudeln
1 EL Butter, 100 g Zwiebelwürfel
500-600 g Waldpilze oder Champignons
1/4 TL Salz, Pfeffer
1/4 l Milch, 2 Eier
100 g Reibekäse
1 EL Semmelmehl, 50 g Kräuterbutter

Die Pilzscheiben in einem Topf bei mäßiger Hitze langsam zusammenfallen lassen, abgießen und mit den Zwiebelwürfeln in heißer Butter braten, bis die Zwiebeln leicht gefärbt sind. Mit Salz und Pfeffer würzen und mit den gut abgetropften Nudeln vermischt in eine Auflaufform geben. Die in Milch verquirlten Eier sparsam mit Salz und Pfeffer würzen und darüber gießen. Mit Semmelmehl und Käse bestreuen. Zum Abschluss zerlassene Kräuterbutter über den Auflauf träufeln und bei 180 °C in 20-25 Minuten überbacken.

Schnelles leichtes Sommergericht, das auch wunderbar schmeckt.

●Tipp●
Durch kurzes Aufkochen verlieren die Pilze viel Wasser und das Braten von größeren Pilzmengen geht somit schneller, das Pilzgericht schmeckt besser und ist auch leichter verdaulich. Auch die Zugabe von etwas Kümmel ist deshalb ratsam.

Königsberger Klopse

400 g Gehacktes (halb Rind, halb Schwein)
1 Ei, 1 klein gewürfelte Zwiebel
1 EL fein gehackte Petersilie
1 Semmelkopf, 1 EL Semmelmehl
2-3 Sardellen, Pfeffer aus der Mühle
1/2 l Brühe
2 gehäufte TL Pulver
1 EL Butter, 2 EL Mehl
3 TL Essig, 1/2 TL Zucke
Muskat, 1/2 EL Kapern

Das ungewürzte Gehackte mit Petersilie, Pfeffer, dem eingeweichten ausgedrückten Semmelkopf, Semmelmehl, Ei, klein gewürfelter Zwiebel und den ganz fein gehackten Sardellen vermischen. 8 Klopse formen und in kochende Brühe geben. 1/4 Stunde langsam köcheln lassen. Mehl in zerlassener Butter hell bräunen. Brühe allmählich unterrühren und aufkochen. Mit Salz, Zucker, Essig und Muskat abschmecken. Kapern und die Klopse zugeben. Zugedeckt bei leichter Hitze noch 15 Minuten ziehen lassen. Zu Salzkartoffeln und Gartensalat.

●Tipp●
Statt Essig kann die Soße mit 2 EL saurer Sahne und 1 Schuss Weißwein verfeinert werden. Statt Sardellen eignet sich auch 1 Stück gewässerter Hering (kann auch weggelassen werden).

Altmodisches Makkaronigericht

300 g Makkaroni
3 EL Semmelmehl
1-2 TL Butter
4 Scheiben Römerbraten (Hackbraten)
1 Tasse Brühe

Makkaroni in leichtem Salzwasser kochen, abgießen und mit 1 Tasse Brühe vermischen. (Wird von den Nudeln in wenigen Minuten aufgesaugt). Das Semmelmehl in Butter etwas bräunen und auf den Tellern über die Nudeln verteilen. Dazu je eine Scheibe beidseitig angebratener Römerbraten und 1 Schüssel Tomatensalat.

Das war schon in den 50er Jahren ein beliebtes Sommergericht unserer Mütter und Großmütter.

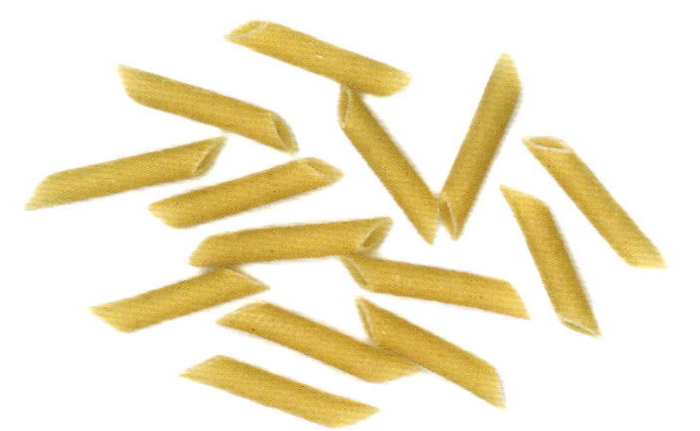

Hackfleischschnitzel in Paprikasahne (Foto)

500 g gewürztes Gehacktes
3 EL Schnittlauchröllchen
1 Ei, 1 Semmelkopf, 1 EL Öl
4 Käsescheiben
1 kleine Zwiebel, 1 EL Öl
2 TL Paprikapulver
1 guter EL Tomatenmark
50 ml Schlagsahne
200 ml Brühe (= 1 TL Pulver)
Salz, Pfeffer, Zucker
2 große Tomaten

Gehacktes mit eingeweichter, ausgedrückter Semmel, Ei und Schnittlauchröllchen vermischen. Klöße formen und breit drücken wie Schnitzel. In wenig Öl beidseitig langsam braten. Inzwischen gewürfelte Zwiebel im heißen Öl anrösten. Paprikapulver, Tomatenmark und Sahne einrühren. Brühe zugeben und alles durchkochen. Die gute Hälfte davon zu den Schnitzeln geben, aber so, dass sie nicht bedeckt sind. Jedes Schnitzel mit je einer Tomatenscheibe und 1/2 Käsescheibe bedekken. In 10-15 Minuten bei 180 °C überbacken, bis der Käse schmilzt. Dazu Bandnudeln. Die übrige Soße auf den Tellern verteilen.

Ein immer wieder gern zubereitetes Schnellgericht.

Makkaroni mit Tomatensoße

1 EL Öl
50 g Zwiebelwürfel
1 EL Mehl
250 ml Brühe
2 gehäufte EL Tomatenmark
1 gehäufter TL Zucker
Pfeffer aus der Mühle
1 TL Basilikum
1 EL Schlagsahne oder Kaffeesahne
300-400 g Jagdwurst
75-100 g Reibekäse
400 g Makkaroni

Kleine Zwiebelwürfel in heißem Öl anschwitzen, Mehl einrühren, mit Brühe ablöschen. Tomatenmark, Zucker, Pfeffer, Basilikum und Sahne zugeben und evtl. mit Salz mild abschmecken. Gewürfelte Jagdwurst unter Rühren kurz anbraten und mit der Tomatensoße vermischen. Die nach Vorschrift gekochten Makkaroni abgeschreckt und gut abgetropft auf den Tellern verteilen, Tomaten-Wurst-Gemisch darüber geben und mit Reibekäse bestreuen.
Dazu einen Gartensalat servieren.

Heute noch so beliebt wie damals. Makkaroni, die einzige fertig kaufbare Nudelart der 50er und 60er Jahre, wurde zu einem Lieblingsgericht der schnellen Art für die Thüringer.

Blitzhahn

1 Hähnchen
reichlich Salz und Pfeffer
2-3 Knoblauchzehen
1-2 EL Öl
200 ml herber Weißwein
1 kleines Lorbeerblatt
250 g Tomaten
100 ml Schlagsahne
je 1 TL Thymian, Rosmarin und Paprika
1-2 TL Zitronensaft

Das in vier bis sechs Stücke zerteilte Hähnchen mit Salz, Pfeffer, Paprika und Öl einreiben. Beidseitig kurz anbraten, dabei die Knoblauchwürfel etwas mitbraten. Mit Weißwein ablöschen. Lorbeerblatt, Tomatenwürfel, Sahne und die Kräuter zugeben. Aufgedeckt in der Röhre bei 180-200 °C braten, bis es braun und weich ist (ca. 40-50 Minuten). Die Bratensoße mit Zitronensaft abschmecken. Die Hähnchenstücke mit dieser sämig-würzigen Soße und dicken Nudeln servieren. Auch ein leckeres Partygericht.

Das ist das schnellste Hähnchen Thüringens.

Herzhaftes
aus Topf und Pfanne

Kohlrübentopf (Foto)

500 g Kasselerkamm (ungekocht)
200 g Zwiebelwürfel, 1 EL Öl
400 g Kohlrübenwürfel
400 g Kartoffelwürfel
1 gehäufter TL Brühpulver
1-2 Knoblauchzehen
1 gehäufter EL Majoran, Petersilie

Fleisch mit Zwiebel und Knoblauch in grobe Würfel schneiden und im heißen Öl etwas anbraten. So viel Wasser und Brühpulver zugeben, bis das Fleisch ziemlich bedeckt ist. 20 Minuten leise köcheln lassen. Inzwischen Kohlrübenwürfel 2 Minuten in leichtem Salzwasser kochen, abgießen und mit Kartoffelwürfeln zum Fleisch geben. Zugedeckt alles langsam weich kochen. Zwischendurch mit

Majoran, reichlich Pfeffer aus der Mühle und Salz nach Geschmack würzen. Mit gehackter Petersilie auftragen.

Sehr beliebter Nachkriegseintopf, der auch heute noch wunderbar schmeckt.

Thüringer Schwarzbierfleisch

750-1000 g Schweinekamm
2 gehäufte TL Salz
reichlich Pfeffer aus der Mühle
1 EL Senf
30 g Margarine
1 große Zwiebel
4-6 Backpflaumen
1/2 Flasche Schwarzbier
1/4 l Brühe
50 g Schmand
Zitronensaft

Als Beilage Klöße aller Art,
z.B. für 5-6 Grießklöße:
1 kg Kartoffeln
350 ml Milch
50 g Grieß
1 TL Salz

Abgespültes, abgetrocknetes Fleisch kräftig mit Salz und Pfeffer würzen. Mit Senf bestrichen in heißer Margarine ringsum kräftig anbraten. Die gewürfelte Zwiebel und die Backpflaumen zugeben und mit anrösten, bis die Zwiebel leicht gefärbt ist. Mit 1 Tasse heißem Wasser ablöschen, dabei das Fleisch umdrehen. Ist alles ziemlich eingebraten, Schmand einrühren, dann Bier und Brühe zugeben.
Zugedeckt 90 Minuten bei 175 °C garen. In der abgestellten Röhre noch eine halbe Stunde nachgaren. Mit Salz und 1 Spritzer Zitronensaft abschmecken, Soße mit Speisestärke binden.
Für die Grießklöße die Kartoffeln reiben und auspressen. Mit dem Grießbrei brühen. Dafür Grieß in die heiße Milch rühren und unter Rühren aufkochen und auf der heißen Herdplatte noch etwas quellen lassen.
Mit nassen Händen Klöße formen und den ziemlich weichen Teig gleich ins kochende Wasser geben. Die Klöße werden sofort fest. Aufkochen und noch 20 Minuten ziehen lassen.

Backpflaumen oder Dörrpflaumen fanden schon früher viel Verwendung in den Bauernküchen, denn es gab in jedem Garten mehrere Pflaumenbäume.

Rosterauflauf

200 g Bandnudeln
3-5 übrig gebliebene Roster vom Grillfest
1 kleiner Blumenkohl
150 ml Milch
2 Eier
Salz, Pfeffer
1 EL Semmelmehl
20 g Kräuterbutter

Die nach Vorschrift gekochten Bandnudeln zur Hälfte in eine Auflaufform geben. Die gebratenen kalten Rostbratwürste in Scheiben schneiden und unter Rühren in wenig Öl ringsum braun braten. Über den Nudeln verteilen und den Rest Nudeln darüber geben. Den zerteilten, in leichtem Salzwasser gekochten Blumenkohl dicht über den Nudeln verteilen. Milch mit Eiern verquirlen, mit Salz und Pfeffer nur mild abschmecken und über den Auflauf gießen. Dünn mit Semmelmehl bestreuen und Butterflöckchen aufsetzen. Bei 150-170 °C in 30-40 Minuten zu leichter Farbe überbacken.

Schmeckt wunderbar!

Thüringer Krautleber

1 kleiner Wirsing oder Weißkrautkopf
75 g Räucherbauch
2 Semmelköpfe
1/4 l Milch
3-4 Eier
300 g Kasseler oder Gehacktes
Salz, Pfeffer, Muskat

Krautkopf zugedeckt nicht ganz weich kochen. Strunk und Rippen entfernen und das Kraut mit dem Wiegemesser klein hacken. Semmeln in Milch einweichen, mit Salz, Pfeffer und Muskat würzen und mit den Eiern verquirlen. Nun mit dem Kraut mischen. Krümelig gebratenes Gehacktes oder Kasselerwürfel untermischen. Räucherbauchwürfel ausbraten und die Masse darüber verteilen. In der heißen Röhre in 15-20 Minuten bei 200 °C goldgelb überbacken. Dazu Salzkartoffeln oder auch keine Beilage.

Uraltes Thüringer Gericht, zu dem es Gartensalat oder Kompott gibt. Hat zwar mit Leber nichts zu tun, schmeckt aber trotzdem prima.

Krautgulasch zu Semmelklößen

750 g Schweinekamm
300 g Zwiebelwürfel
2 TL Paprika
2 TL Salz
Pfeffer aus der Mühle
1 EL Öl
1/4 l Brühe (= 1 TL Pulver)
400 g Sauerkraut
75 ml Schlagsahne oder Kaffeesahne
1/2 TL Zucker

Semmelklöße
(4-6 nicht zu große Klöße):
1/4 l Milch
Muskat
1 Zwiebel
2 TL Margarine
1 Ei
75 g Mehl
1 TL Backpulver
5 Semmelköpfe
2-3 EL gehackte Petersilie
1 EL Stärkemehl

Zwiebelwürfel mit gulaschgroßen Fleischwürfeln im heißen Öl zur Farbe anbraten. Mit Paprika, Salz und Pfeffer würzen. Mit Brühe ablöschen und 1 Stunde zugedeckt langsam nicht ganz weich garen. Sauerkraut und noch 1 Tasse Wasser zugeben und bei nicht zu starker Hitze in ca. 30 Minuten weich kochen. Sahne zugießen und mit Zucker lieblich abschmecken.
Für die Klöße das Ei mit warmer Milch verquirlen und die in Würfel geschnittenen Semmeln damit übergießen. 20 Minuten stehen lassen. Zwiebelwürfel in heißer Margarine anschwitzen und mit dem Mehl, Muskat, Backpulver und Petersilie zum Semmelteig geben. Alles verkneten und Klöße formen. In Kartoffelstärke wälzen und in kochendes Wasser geben. 15-20 Minuten ziehen lassen.

Eine deftige Bauernmahlzeit, die sehr sättigt.

Pilz-Bohnen-Auflauf

500-600 g gekochte Kartoffeln
200 g Zwiebelwürfel, 1 EL Butter
500 g Waldpilze
2 Knoblauchzehen
75-100 g Schinkenspeck
Salz, Pfeffer, wenig Kümmel
400 g Schnippelbohnen
200 ml Milch, 2 Eier
75-100 g Reibekäse

Kartoffeln pellen, in dünne Scheiben schneiden und die Hälfte in eine gefettete Auflaufform legen. Zwiebelwürfel in heißer Butter goldgelb anschwitzen. Pilzscheiben, gehackten Knoblauch und Schinkenwürfel zugeben und alles einbraten lassen. Mit den Gewürzen abschmecken. Die in Salzwasser gekochten Bohnen abgetropft untermischen. Alles über den Kartoffeln verteilen. Mit den restlichen Kartoffelscheiben bedecken und die in Milch verquirlten Eier leicht mit Salz und Pfeffer gewürzt über den Auflauf gießen. Mit Reibekäse bestreuen und bei 180 °C in 25-30 Minuten goldbraun backen.

Einfaches, aber sehr zu empfehlendes kräftiges Gericht.

Gefüllte Paprikaschoten

4 Paprikaschoten
1 EL Öl
50 g Räucherbauch
400-500 g gewürztes Gehacktes
1 Semmelkopf
1 Ei
1 mittelgroße Zwiebel
1 große Tomate
50 g Schmand oder saure Sahne (10 %)
2 TL Paprika
1/2 TL Zucker
1 Tasse Brühe (= 1 TL Pulver)

Den in Wasser eingeweichten Semmelkopf ausgedrückt mit dem Gehackten und Ei verkneten. Paprikaschoten mit einem Löffel aushöhlen, gut waschen, abtrocknen und füllen. Die Schoten im heißen Speck-Öl-Gemisch ringsum kurz anbraten, aus der Pfanne nehmen und die Zwiebelwürfel darin zu leichter Farbe anschwitzen. Tomatenwürfel zugeben und kurz mitbraten. Sahne mit Paprika, Zucker und 1 EL Wasser verquirlt einrühren. Etwas einschmoren, dann die Brühe zugeben und die Schoten aufrecht in die Pfanne stellen. Zugedeckt 30 Minuten bei 180 °C garen. Bei abgestellter Röhre noch 5 Minuten nachgaren. Es entsteht reichlich Soße, die mit etwas Soßenbinder oder Speisestärke gebunden werden kann. Zu gefüllten Paprikaschoten schmecken sogar die allseits beliebten Nudeln wunderbar, obwohl das Gericht früher immer mit Kartoffelpüree ergänzt wurde.

Paprikaschoten gab es vor knapp 50 Jahren über einen kurzen Zeitraum, dann wurden sie plötzlich knapp und man sah sie kaum noch in den Gemüsegeschäften. Dass man die Schoten auch roh essen kann, wusste kaum jemand und so entstand das Rezept für die gefüllten Paprikaschoten.

Rindfleisch mit Meerrettichsoße

750 g Rindfleisch zum Braten (nicht zu mager)
je 1 Stück Möhre und Sellerie
1 Zwiebel, 1 Lorbeerblatt
1/2 TL Pfefferkörner, 1 TL Salz
3 Pimentkörner
Speckscheiben
1 gehäufter TL Mehl
2 TL Butter, 1-2 Eier
1/2 Tasse Milch, 1 Semmelkopf
1 TL Butter
2-4 EL geriebener Meerrettich
500-700 ml Brühe

Wasser mit Salz, zerhackten Rinderknochen oder 1 TL Brühpulver mit Suppengrün und Gewürzen zum Kochen bringen. Das Fleisch in eine passende Pfanne legen. Es soll mit Brühe bedeckt sein. In ca. 2 Stunden bei geringer Hitze zugedeckt weich köcheln. Erkaltet in Scheiben schneiden und dachziegelartig in eine Pfanne legen. Etwas Brühe darüber geben. Mageres Fleisch mit ganz dünnen Speckscheiben belegen und in der Röhre in ca. 30 Minuten bei 150 °C fertig garen.
Mehl in heiße Butter rühren und die Brühe nach und nach unterrühren. Eigelb in 1/2 Tasse Milch verquirlen und in die kochende Soße rühren. Nicht mehr kochen! Geriebenen Meerrettich in die heiße Soße rühren und am Tisch in Butter geröstete Semmelwürfel über die sämige, aber nicht zu dicke Soße streuen.
Mit Thüringer Klößen ein klassisches Herbstgericht.

Unsere Mütter und Großmütter vergossen viele Tränen beim Meerrettichreiben. Heute macht das die Moulinette.

Pilzschnitzel

500 g Waldpilze oder Champignons
100 g Zwiebelwürfel, 1 EL Butter
1 TL Salz, Pfeffer, Muskat
50 g Semmelmehl
50 ml Kaffeesahne, 2 Eier
2 EL gehackte Petersilie, 2-3 EL Öl

Pilze in wenig kochendem Wasser zusammenfallen lassen. Gut abgetropft ganz klein hacken und mit kleinen gebratenen Zwiebelwürfeln in heißer Butter braten. Mit Salz, Pfeffer, Muskat, Semmelmehl, Kaffeesahne und Eiern verrühren. Petersilie unterrühren und 30 Minuten ruhen lassen. Immer 2 EL Pilzmasse in eine Pfanne mit heißem Öl geben und etwas breitdrücken (wie Schnitzel formen), bis alles aufgebraucht ist. Ganz langsam beidseitig braun braten.
Dazu einen saftigen Kartoffelsalat mit reichlich Gurke und Tomatenscheiben.

Zanderfilets

500-600 g Zander
1 Zwiebel
2 TL Öl
30 g Schinkenspeck
1 Lorbeerblatt
3 Pimentkörner
75 ml Schlagsahne
100 ml Brühe oder Weißwein
2 TL Sardellenpaste
30 g braune Butter
1-2 EL Semmelmehl
Pfeffer aus der Mühle

Schinkenspeck- und Zwiebelwürfel in wenig Öl glasig braten und mit Lorbeerblatt und Pimentkörnern in eine Auflaufform geben. Den etwas angetauten, abgespülten und abgetrockneten Fisch darüber legen. Sahne mit Pfeffer, Brühe und Sardellenpaste verquirlen und über den Fisch gießen. Mit gebräunter Butter beschöpfen und mit Semmelmehl bestreuen. In 30 Minuten bei 150-170 °C überbacken. Dazu Bratkartoffeln und grünen Salat oder Kartoffelsalat.

• *Tipp* •
Braune Butter war früher zur Verfeinerung vieler Speisen üblich.

Kräuterfisch (Foto)

500-600 g Fischfilet
Salz, Pfeffer
je 50 g Butter und Kräuterbutter
100 g Zwiebelringe
100 g Porree
400 g Tomaten
2 TL getrocknete Kräuter (Rosmarin, Thymian, Basilikum)
1 EL Öl

Porree- und Zwiebelringe in heißem Öl goldgelb anschwitzen und die Tomatenwürfel zugeben. Die Hälfte davon in eine gefettete passende Bratpfanne geben. Die gefrosteten Filets aus der Tüte nehmen, kurz abspülen, abtrocknen und dicht nebeneinander oder dachziegelartig übereinander darüber legen. Mit Salz und Pfeffer sparsam würzen, aber reichlich zerlassene Butter mit Kräuterbutter darüber schöpfen. Rest Tomaten-Zwiebelmischung mit Kräutern über dem Fisch verteilen. 30-35 Minuten bei 200 °C aufgedeckt garen, bis die Zwiebel etwas Farbe hat. Zwischendurch mit dem sich gebildeten Saft den Fisch beschöpfen. Mit dem Gemüse den Fisch auf eine Platte legen. Saft mit Soßenbinder oder Speisestärke binden. Zu diesem phantastischen Kräuterfisch schmecken Nudeln. (Nudeln gut abgetropft mit einer Tasse Hühnerbrühe vermischt durchziehen lassen.)

Gebratene Welsfilets

500-600 g frisches Welsfilet
Salz
50-70 g Butter
400-500 g Kartoffeln
1-2 EL fein gehackte Petersilie

Das frische Fischfilet kalt abspülen, abtrocknen und in Portionsstücke schneiden. Fisch nur leicht salzen und in reichlich Butter beidseitig langsam braten, bis der Fisch eine bräunliche Färbung zeigt. Die in wenig Salz weich gedämpften Kartoffeln auf den Tellern verteilen und die Fischbratbutter darüber schöpfen. Mit Petersilie bestreuen und den Fisch anlegen.
Dazu Gurken- oder Gartensalat.

● *Tipp* ●
Dieses frische, feine, nicht billige Welsfilet sollte so naturbelassen, aber mit reichlich Butter gebraten werden.

Senfsoßenfisch im Gemüsebett

1 EL Senf, 1 EL Schmand, 1 EL Mehl
600-800 g gefrostete Fischfilets
50 g Butter

Gemüsesud:
reichlich 1/2 l Wasser, 2 TL Salz
200 g Porreescheiben, 200 g Möhrenscheiben
100 g Zwiebelwürfel
1 TL Pfefferkörner, 6 Pimentkörner
1 Lorbeerblatt, 1 EL Essig, 1 TL Thymian

Alle Zutaten für den Gemüsesud in einen breiten Topf geben und 5 Minuten kochen. Den gefrosteten Fisch kurz abspülen und in den kochenden Sud legen. Kurz aufkochen, die Platte abstellen und noch ca. 20 Minuten ziehen lassen. Sind Fisch und Gemüse fertig, die Brühe vorsichtig in ein Töpfchen abgießen. 1/2 Tasse voll Sud abnehmen und mit Mehl, Schmand und Senf verquirlen, die Soße damit binden. Soße mit Salz und Pfeffer abschmecken. Fisch und Gemüse auf vier Teller verteilen und mit leicht gebräunter Butter beschöpfen, Rest Butter über die Soße geben. Dazu Salzkartoffeln.

● *Tipp* ●
Fischfilets immer nur kurz kochen. Längeres Kochen lässt den Fisch zu Brei zergehen, deswegen den Fisch nur ziehen lassen.

Grünkohl mit Kasseler auf Thüringer Art

1 kg Grünkohl
75 g Räucherbauch
500-600 g Kasseler (nicht gekocht)
400 ml Brühe (aus 1 gehäuften TL Pulver)
25 g Butter
2 EL Semmelmehl
1 TL Zucker
Muskat

Die Blätter vom Grünkohlstengel abstreifen (es bleiben ca. 600 g Kohl). Den Kohl in 3 Liter Wasser 30 Minuten kochen, abgießen, ausdrücken und mit dem Wiegemesser grob zerkleinern.
Kleine Bauchspeckwürfel langsam ausbraten, grob gewürfeltes Kasseler zugeben und kurz mitbraten. Brühe zugießen und den Grünkohl untermischen. Noch ca. 30 Minuten garen, bis alles weich ist. Semmelmehl in brauner Butter kurz rösten und mit Muskat und Zucker zum Grünkohl geben. Dazu Salzkartoffeln.

• *Tipp* •
Wer es richtig altmodisch mag, bindet das Gericht statt mit Semmelmehl mit einer geriebenen Kartoffel.

Lendchen in Pfefferrahmsoße

500 g Schweinelende
1 EL Öl, 1 EL Butter
4 TL Senf
Salz, Pfeffer
200 ml Brühe (aus 1 TL Pulver)
1-2 TL bunte Pfefferkörner
1 EL (50 g) Schmand

Lende in 1 bis 2 cm dicke Scheiben schneiden, mit Salz und Pfeffer würzen und in das heiße Öl-Buttergemisch legen. Mit Senf bestreichen und einige Pfefferkörner darüber streuen, beidseitig anbraten. Aus der Pfanne nehmen. Die Brühe zugießen, übrige Pfefferkörner und Schmand einrühren. Lendchen zurück in die Pfanne geben und zugedeckt ca. 30-40 Minuten leise weich köcheln lassen. Die knappe Soße evtl. mit etwas Speisestärke binden. Dazu Pommes frites und Gurkensalat.

• *Tipp* •
Mit in Butter gebratenen Pfifferlingen kann das Gericht zusätzlich verfeinert werden.
Sieht ein Rezept ganze Pfefferkörner vor, so müssen diese am Abend vorher in kaltem Wasser eingeweicht werden. Das ist vor allem für Schnellgerichte ratsam.

Taubenschmaus

2 Tauben (ca. 700 g), Salz, Pfeffer
70-80 g Kräuterbutter
400 g geputzte Waldpilze oder Champignons
1 EL Butter, Salz, Pfeffer
50 g Zwiebelwürfel, 1-2 EL Schmand
1/2 TL Speisestärke
2 Tassen gefrostete Erbsen, Salz, Pfeffer

Die abgespülten, abgetrockneten Tauben innen und außen mit Salz und Pfeffer würzen. Mit der Brust nach oben in eine passende Pfanne legen und ringsum mit zerlassener Kräuterbutter beschöpfen. Zugedeckt 30 Minuten bei 180 °C garen. Dann die gebräunten Tauben umdrehen und mit dem Bratfett beschöpfen, mit 1 Tasse heißem Wasser den braunen Bratensatz ablöschen und weiter braten, bis die Tauben weich sind, evtl. noch ohne Deckel etwas überbräunen.
Klein geschnittene Pilze in heißer Butter braten, bis die Flüssigkeit eingekocht ist. Mit Salz und Pfeffer würzen, den Schmand einrühren und beiseite stellen. Gefrostete Erbsen über einem Sieb mit kochendem Wasser abspülen und in einem Töpfchen mit etwas abgeschöpftem Taubenbratfett kurz aufdämpfen. Die Pilze mit der knappen Bratensoße vermischen, mit Salzkartoffeln, Pilzsoße und Erbsen mit je 1/2 Taube servieren.

Ein ganz besonders feines Schmankerl.

Geschnetzeltes mit Rosenkohl
(Foto)

300 g Nudeln
500-600 g Schnitzelfleisch (von Schwein, Pute oder Hähnchen)
150 g Zwiebelwürfel, 1 EL Öl
100 g saure Sahne 10 %
1 Ecke Schmelzkäse (50 g)
25 g Kräuterbutter, Salz, Pfeffer
1/4 l Brühe (aus 2 TL Pulver)
400 g gefrosteter Rosenkohl, 1 EL Butter

Nudeln nach Vorschrift kochen. Fleisch in schmale Streifen schneiden und im heißen Öl ringsum braun braten. Zwiebelwürfel zugeben und etwas zur Farbe mit anbraten. Mit der Hälfte der Brühe ablöschen.
Schmelzkäse, Kräuterbutter und saure Sahne verquirlen und mit dem Geschnetzelten verrühren. Rest Brühe zugeben und zugedeckt in ca. 30 Minuten alles weich schmoren. Es entsteht eine schöne sämige Soße. Mit Salz und Pfeffer abschmecken.
Den gefrosteten Kohl wenige Minuten in heißes Wasser legen, kalt abschrecken und gut abgetropft in heißer Butter anschwitzen. Geschnetzeltes portionsweise über die Nudeln geben und die von Butter glänzenden Röschen darüber verteilen.

Sieht nicht nur schön aus, sondern schmeckt prima.

Rezeptverzeichnis

DIE THÜRINGER KÜCHENBIBLIOTHEK

Fragen Sie in Ihrer Buchhandlung oder bestellen Sie auf unserer Homepage
www.buchverlag-fuer-die-frau.de

Alle Bände 16,5 cm x 20 cm, Farbfotos, gebunden.

Feines Gebäck in Thüringer Art
ISBN 978-3-932720-55-0

Genießen in Thüringen
ISBN 978-3-89798-300-7

Gute Thüringer Landrezepte
ISBN 978-3-89798-646-6

Kochen und Backen in Thüringen
ISBN 978-3-932720-56-7

Leichte Torten & Lieblingsspeisen
ISBN 978-3-89798-647-3

Mein Thüringer Rezeptschatz
ISBN 978-3-89798-480-6

Meine Thüringer Küche
ISBN 978-3-89798-648-0

Neue Köstlichkeiten
ISBN 978-3-89798-394-6

Plauderei an der Thüringer Kaffeetafel
ISBN 978-3-89798-344-1

Schnelle Thüringer Küche
ISBN 978-3-932720-30-7

Thüringer Allerlei
ISBN 978-3-89798-644-2

Thüringer Festtagskuchen
ISBN 978-3-932720-31-4

Thüringer Landküche
ISBN 978-3-89798-645-9

Neue Thüringer Festtagskuchen & mehr
ISBN 978-3-89798-649-7